도핑검사관이 직접 알려주는

스포츠 도핑

도핑검사관이 직접 알려주는

스포츠 도핑

강명신 김나라 김현주
박주희 이 건 이재숙

가나

Clean athletes are fundamental to integrity of sport and all athletes have the right to compete, believing that they are competing on the fair playground. With the mounting pressure from fierce competition and potential financial rewards in the higher-level events, however, clean sport has long been threatened. Facing the continuous challenges affecting sport in our time, the international sport was determined to strengthen the governance, transparency, and ethics calling for an independent supervisory body, which subsequently led to creation of the International Testing Agency (ITA).

The International Testing Agency (ITA) is an international organisation with the mission to manage anti-doping programmes, independent from sporting or political powers, for International Federations (IFs), Major Event Organisers (MEOs) and all other anti-doping organisations requesting support.

We have worked hard to create a fair, transparent and intelligence-led organisation that has the welfare of athletes, the integrity of events and the reputation of sporting bodies at the core. Hence we have gathered relevant experts with significant experience in the field to help support the best sporting experience.

Our role is to give everyone involved in sport utter certainty in the systems that keep sport fair. We believe in harmonised testing so that the experience and the handling of the results are the same no matter where athletes compete, and we believe in supporting International Federations and Major Event Organisers and all other entities requesting support to provide a level-playing field for their athletes to promise transparency, accuracy and professionalism.

Yet, not only concerning testing and sanctions but we have also convinced that these activities need to be backed by wider efforts to prevent a pro-doping culture, and therefore education and prevention seek to target wider audiences, not just top-level competitive athletes. On this ground, this educational book written by our fellow ITA Doping Control Officers will be crucial in supporting an anti-doping culture in sport, giving the public a better understanding of the anti-doping system, challenges and efforts.

This book will undoubtedly be a milestone in the understanding of anti-doping and will serve as a model, for providing academic knowledge in the field of anti-doping, together with dynamic and lively approach to the voices from the competitions. We commend the authors for their conception of a book of this nature which have not tried before, their diligence in preparing such a thoughtful study, resulted in an excellent book.

BENJAMIN COHEN
INTERNATIONAL TESTING AGENCY / DIRECTOR GENERAL

선수는 스포츠 진실성의 기본이며, 모든 선수는 자신이 공정한 운동장에서 경쟁하고 있다고 믿으며 경쟁할 권리가 있습니다. 그러나 치열한 경쟁으로 인한 압박감과 잠재적인 금전적 보상으로 인해 스포츠의 공정성은 오랫동안 위협받아 왔습니다. 국제 스포츠는 우리 시대의 스포츠에 영향을 미치는 지속적인 위협에 마주하며 거버넌스, 투명성 및 윤리를 강화하기로 결정했습니다. 이를 위해 독립된 감시와 관찰을 촉구하게 되었고 이는 국제검사기구(ITA)의 창설로 이어졌습니다.

국제검사기구는 그 어떤 권력이나 이해관계와 얽히지 않은 독립적인 기구로, 국제경기연맹(IF), 주요 국제경기대회 주관단체(MEO) 및 지원을 요청하는 기타 모든 도핑방지기구를 위해 도핑방지 프로그램을 운영 및 관리하는 국제스포츠기구입니다.

우리는 선수 복지, 공정한 대회, 스포츠 기구들의 명성을 핵심 가치로 두고, 공장하고 투명한 정보 중심의 조직을 만들기 위해 노력해 왔습니다. 이를 위해 풍부한 현장 경험을 가진 관련 전문가를 모아 최고의 스포츠 대회 경험을 지원하도록 돕고 있습니다.

우리의 역할은 스포츠와 관련된 모든 사람들이 스포츠를 공정하게 유지하는 시스템을 완전히 신뢰할 수 있도록 믿음을 제공하는 것입니다. 선수들이 어디에서 경쟁하든 경기의 과정과 결과가 공정할 것이라는 신뢰, 투명성, 정확성, 전문성을 약속하기 위해 노력하며 지원을 요청하는 모든 도핑방지기구들을 뒷받침합니다.

그리고 우리는 검사와 제재에 관한 것뿐만 아니라 도핑에 관대한 문화를 사전에 방지하기 위한 더 폭넓은 노력으로 나아가야 한다고 확신해왔습니다. 교육과 예방의 대상은 엘리트 선수들에 국한되는 것이 아니라 더 넓은 독자들로 확대되어야 합니다. 이러한 점에서 동료 국제검사기구 인증 국제도핑검사관들이 집필한 이 책은 스포츠의 도핑방지 문화를 지원하고, 도핑방지 시스템과 과제 및 노력에 대한 대중의 이해를 높이는 데 매우 중요한 역할을 할 것입니다.

이 책은 분명 도핑방지에 대한 이해의 기반이 될 것이며, 스포츠 현장에서의 역동적이고 생생한 목소리와 함께 도핑방지 분야의 학문적 지식을 제공하는 모델이 될 것입니다. 첫 저서로 책을 구상하고, 탄탄한 자료를 준비해 훌륭한 책으로 완성시킨 저자들의 노력에 감사드립니다.

BENJAMIN COHEN
국제검사기구(ITA) 책임자

International
Olympic
Committee

스포츠는 경쟁 속에 투명성, 공정성, 우정, 인간 정신, 미래를 위한 희망 등의 가치를 내포하고 있습니다. 또한, 올림픽대회는 스포츠의 건전한 발전과 국제사회 간의 이해와 평화를 촉진시키는 것을 목표로 하고 있으며, 청년들에게 긍정적인 모델을 제공하여 우리 사회에 통합과 화합을 도모합니다. 스포츠에서 도핑은 선수들이 경기에서 성과 향상을 목적으로 금지된 약물이나 불법적인 방법을 사용하는 것을 의미합니다. 도핑은 스포츠의 근본적인 가치를 훼손시키며, 정정당당한 경쟁과 스포츠의 진정한 의미를 희생시킬 수 있습니다. 도핑에 사용되는 약물 또는 성분은 인체에 해로울 수 있으며, 이로 인해 선수들은 심각한 건강 문제에 직면할 수 있습니다. 즉, 도핑이 허용되면, 스포츠의 긍정적인 영향이 상실되고, 대중들의 스포츠에 대한 신뢰와 열정이 훼손될 수 있습니다. 도핑방지는 근본적으로 공정하고 건전한 경쟁 환경을 유지하는 데 중요한 역할을 합니다. 국제올림픽위원회(IOC)는 금지약물 복용 근절을 주도하고 모든 형태의 경기 조작 및 관련 부패에 대한 조치를 취함으로써 선수와 스포츠의 본질을 보호하는 것을 사명으로 하며, 스포츠에서 어떠한 형태의 도핑도 금지하고 있습니다. 또한, 규정을 통해 이를 위반하는 참가자에 대한 엄격한 제재를 포함하고 있습니다. 이와 같이 국제스포츠는 공정하고 건전한 경쟁을 촉진하기 위해 도핑을 근절하고자 끊임없이 노력하고 있습니다. 약물로부터 선수를 보호하고 공정한 스포츠 환경을 조성하는 것은 스포츠의 핵심 중 하나이며 올림픽의 기본정신입니다.

이 책은 스포츠계의 공정성과 선수들의 건강을 지키기 위한 끊임없는 노력을 담고 있습니다. 국내 최초의 국제도핑검사관 박주희 박사님과 현직으로 활동하신 도핑검사관분들이 직접 체험한 도핑검사 현장에서 나온 소중한 경험과 이를 통해 얻은 인사이트는 독자들에게 깊은 인상을 남길 것입니다. 스포츠 도핑에 대한 경각심을 높이고, 그에 대한 철저한 대비책을 마련하기 위해 끊임없이 노력하는 도핑검사관들의 의지는 예측 불가의 스포츠 환경에서 선수들의 안전과 공정성을 지키기 위한 중요성을 강조하고 있습니다. 스포츠의 건강한 발전을 위한 지혜와 경험이 담겨 있는 이 책을 선수나 관계자뿐만이 아니라 스포츠를 사랑하는 모든 분들에게 강력히 추천하는 바입니다.

유승민 국제올림픽위원회(IOC) 위원
2004년 아테네 올림픽 탁구 금메달리스트

　먼저 2024년을 시작하며 들려온 반가운 책 출간 소식을 지구촌 스포츠인들은 물론이고 스포츠를 사랑하시는 모든 분들과 함께 나누고자 합니다.

　이번에 출간된 《도핑검사관이 직접 알려주는 스포츠 도핑》은 스포츠 현장의 최일선에서 수고해 주시는 우리 도핑검사관들의 땀과 노력, 그리고 전문성이 합해져서 만들어진 결실입니다.

　2006년 한국도핑방지위원회 설립 이래 대한민국 도핑검사관들은 국내에서 개최되었던 2011 대구 세계육상선수권대회, 2014 인천 아시안게임, 2015 광주 하계유니버시아드대회, 2018 평창 동계올림픽, 2024 강원 동계청소년올림픽 등 지구촌 스포츠의 중심에서 깨끗하고 공정한 스포츠를 만들어 가기 위해서 부단히 활동해 왔습니다.

　또한, 수준 높은 도핑방지 전문성을 바탕으로 러시아, 브라질, 일본, 베트남, 중국, 캄보디아 등 지구촌 전역에서 국가대표 도핑검사관으로서의 역할을 수행하였습니다.

특히 2024년 7월 개최되는 파리 하계올림픽에는 7명의 대한민국의 도핑검사관들이 파견되어 공정한 경쟁이라는 디딤돌 위에서 도핑 없는 올림픽이 성공적으로 개최될 수 있도록 지원합니다.

이번 저술에 참여한 도핑검사관들은 스포츠 행정가를 비롯해, 전 국가대표 선수, 전 프로선수, 현직 임상병리사 및 소방관 등입니다. 이들이 그동안 경험하고 배운 것들을 폭 넓은 시각에서 제시하는 이 책은 그야말로 현장이 담긴 '도핑검사 실용서'입니다.

한국도핑방지위원회와 도핑검사관의 긴밀한 소통과 협업의 결과는 앞으로 스포츠 현장에서 활약할 대한민국의 모든 선수들과 스포츠 관계자, 그리고 관련 단체 등이 깨끗하고 공정한 스포츠의 가치를 달성할 수 있도록 올바른 방향을 제시해 줄 것으로 기대하고 있습니다.

그동안의 경험과 노고를 잘 녹여 주신 도핑검사관 및 관계자들에게도 감사의 마음을 보내며 거듭 축하의 인사를 전합니다.

감사합니다.

김금평 세계도핑방지기구 자문단 의장
한국도핑방지위원회 사무총장

현장 속에 언제나 답이 있습니다. 도핑검사관은 스포츠 현장 최전선에서 선수들과 직접 만나고 공정한 경쟁과 클린스포츠를 위해 노력하는 사람입니다. 약물로부터 선수를 보호하고 공정한 스포츠 환경을 조성하는 그들은 "스포츠 보안관" 혹은 "스포츠 경찰관"으로 불리기도 합니다.

이 책의 저자들은 스포츠 행정가, 국가대표 선수 출신, 임상병리사, 체육연구원, 소방관 등 다양한 직업을 가지고 있는 각 분야의 전문가들입니다. 그리고 대한민국 최초의 국제검사기구(ITA) 인증 국제도핑검사관(IDCO, International Doping Control Officer)들이기도 합니다.

스포츠 도핑은 스포츠 경기에서 공정한 경쟁을 위반하는 목적으로 선수들이 금지된 물질이나 방법을 사용하는 행위를 말합니다. 이는 선수들의 체력, 힘, 스피드, 인내력 등을 향상시키는 목적으로 이루어지며, 이러한 행위는 국제적인 스포츠기구와 각국의 체육 단체에서 강력하게 규제되고 있습니다.

스포츠 도핑은 공정한 경쟁 원칙을 위반하며 선수들 간의 경쟁에서 부정한 이점을 얻는 행위로 간주됩니다. 이는 선수들의 건강에 위험을 초래할 수 있을 뿐만 아니라, 스포츠의 공정성과 믿음을 훼손시킬 수 있습니다.

세계적으로는 세계도핑방지기구(WADA)와 국제스포츠기구들이 도핑을 방지하고 척결하기 위한 노력을 하고 있습니다. 선수들은 대회 전후에 무작위로 도핑검사를 받기도 하며, 도핑 관련 규정을 어긴 경우에는 제재를 받게 됩니다. 도핑은 전문체육뿐만 아니라 이제 생활체육, 일상생활까지 폭넓게 스며들어가고 있습니다.

도핑으로부터 선수의 권리를 보호하는 것은 쉬운 일은 아닙니다. 이 책은 당연하게 생각했던 도핑 금지, 그 뒷이야기를 들여다보고, 도핑의 역사부터 새로운 도핑관리 기술까지 국내 유일의 도핑검사관들이 전하는 진짜 현장의 이야기가 있습니다.

도핑검사관들이 올림픽, 아시안게임, 세계선수권대회 등 수많은 스포츠 현장에서 활약하며 경험한 다양한 에피소드와 유익한 도핑방지 정보가 있습니다. 또한 금지약물, 유전자조작, 브레인도핑까지 도핑의 유혹에 선수들이 빠지는 이유도 찾아볼 수 있습니다.

점점 더 교묘해지는 도핑과 도핑을 적발하기 위한 이야기와 경기장 이면에서 치러지고 있는 치열한 추격전, 관중석에서는 알 수 없었던 도핑의 모든 것을 이 책에 담았습니다. 독자 여러분들도 클린스포츠를 통한 스포츠의 가치를 이해할 수 있기를 희망합니다.

• 프로필 •

강명신
분당제생병원 진단검사의학과 임상병리사,
병무청 신체등급심의위원, 국제도핑검사관

분당제생병원 진단검사의학과에 근무하며 한국도핑방지위
원회 도핑검사관, 혈액채취요원, 도핑방지교육 전문강사 그
리고 국제검사기구(ITA)의 국제도핑검사관으로도 활동하고
있다. 깨끗하고 공정한 스포츠 경쟁을 위해 다양한 분야에
서 선수 보호에 앞장서고 있다.

김나라
전 국가대표 기계체조 선수,
한국도핑방지위원회 선수위원, 국제도핑검사관

기계체조 국가대표 선수 출신으로 서울체육고등학교와 한
국체육대학교 그리고 미국 시라큐스대학원을 졸업하였다.
이후 한국도핑방지위원회 설립 후 첫 번째 기수 도핑검사
관이 되었으며, 선수 출신의 도핑검사관답게 선수들의 건
강과 공정한 스포츠를 이끌어 나가는 데 앞장서고 있다. 또
한 한국도핑방지위원회 선수위원으로 활동하며 선수들을
위해 도핑방지 정책에 힘을 보태고 있다.

김현주
전 주니어 국가대표 배구 선수,
한국체육대학교 강사, 국제도핑검사관

현대여자배구단, 포항시청팀에서 배구 선수로 은퇴 후 캐
나다 캘거리 대학교 플레잉코치로 활동하였다. 한국체육대
학교에서 스포츠심리학으로 박사학위를 받고, 대학 겸임교
수와 강사로 근무하고 있으며, 도핑검사관과 도핑방지교
육 전문강사로 활동하고 있다. 이외 선수의 경기력이나 진
로상담을 위한 멘탈코치로 활동하며 도핑에 취약한 선수의
심리구조에 관심을 두고 있다.

박주희

**아시아올림픽평의회 위원,
국제올림픽아카데미 과학위원, 국제도핑검사관**

스포츠의·과학 박사이며 국내 1호 국제도핑검사관이다. 국제스포츠 전문가로 동·하계 올림픽 및 아시안게임 등의 국제대회에 참여했으며 현재 아시아올림픽평의회(OCA) 위원 및 국제올림픽아카데미(IOA) 과학위원으로도 활동한다. 대한민국 여성 최초의 국제수영연맹(AQUA) 집행위원이며 OCA, IOC 등에서 '한국 출신의 아시아 여성 스포츠 리더'로 언급된 바 있다.

이 건

**주한 미 공군 오산기지 선임소방검열관,
중앙소방학교 외래교수, 국제도핑검사관**

콜롬비아 서던 대학교 대학원을 졸업하였으며 소방칼럼니스트로 활동 중이다. 2014 아시안게임, 2018 평창 동계올림픽, 2020 도쿄 하계올림픽, 2022 베이징 동계올림픽, 2022 하노이 동남아시아경기대회, 2023 프놈펜 동남아시아경기대회, 2024 강원 동계청소년올림픽 등에 참가했으며, 2024 파리 하계올림픽에도 참가해 "Play True"의 가치를 실현한다.

이재숙

**한국보훈복지의료공단 대구보훈병원 진단검사의학과 부장,
대구보건대학교 임상병리학과 겸임교수, 국제도핑검사관**

진단검사의 주역이자 채혈 전문가인 '임상병리사'로서 2018 평창 동계올림픽 등 다양한 국제 및 국내 스포츠 현장에서 도핑검사관, 혈액채취요원, 도핑방지교육 전문강사로 활동하고 있다. 검사 및 조사 국제표준에 따라 정확하게 규정된 절차를 준수하고 공정한 경쟁, 깨끗한 스포츠에 이바지하기 위해 열정적으로 임하고 있다.

• 목차 •

추천사   4
머리말   12

CHAPTER 1   도핑의 과거부터 현재까지
        01 도핑의 시작   21
        02 도핑방지 기구   28
        03 현재의 도핑   36
        COLUMN_일상 속 도핑   42
        PEOPLE_도핑검사관이 말하는 도핑검사관 이야기_김현주   48

CHAPTER 2   도핑의 모든 것
        04 도핑방지규정   57
        05 도핑검사 대상   62
        06 선수 소재지정보   67
        07 도핑방지규정 위반의 결과관리   74
        COLUMN_영원한 비밀은 없다   82
        PEOPLE_도핑검사관이 말하는 도핑검사관 이야기_이건   86

CHAPTER 3   도핑검사의 종류
        08 도핑검사   95
        09 소변검사와 혈액검사   100
        10 건조혈반검사   108
        COLUMN_피로 얼룩진 도핑   112
        PEOPLE_도핑검사관이 말하는 도핑검사관 이야기_강명신   118

CHAPTER 4   금지약물의 이해
        11 이 약 먹어도 되나요?   125
        12 나도 모르게 스며든 도핑   131
        13 금지약물과 부작용   138
        COLUMN_육상 영웅의 추락   145

CHAPTER 5 우리는 도핑검사관입니다

14 도핑검사관   151

15 샤프롱   156

16 혈액채취요원   165

COLUMN_"현장은 위험해!"   168

PEOPLE_도핑검사관이 말하는 도핑검사관 이야기_이재숙   172

CHAPTER 6 스포츠 현장 속 도핑검사

17 올림픽   181

18 아시안게임과 기타 국제대회   193

19 프로스포츠와 전국체육대회   200

20 경기기간 중 검사와 경기기간 외 검사   205

COLUMN_코로나19와 도핑   208

PEOPLE_도핑검사관이 말하는 도핑검사관 이야기_김나라   214

CHAPTER 7 도핑방지 활동

21 세계에서의 도핑방지 활동   223

22 한국에서의 도핑방지 활동   228

CHAPTER 8 도핑의 미래

23 유전자와 뇌, 진화하는 도핑   239

24 진화하는 도핑관리   248

25 끝나지 않는 이야기   255

PEOPLE_도핑검사관이 말하는 도핑검사관 이야기_박주희   262

부록 선수와 지도자 등이 알아야 할 도핑검사 Q&A   270

SPORTS

Chapter 1.

도핑의 과거부터
현재까지

DOPING

SPORTS & DOPING

01
도핑의 시작

"도핑을 위반한 운동선수는 경기에 출전할 수 없다. 이 원리는 예외 없이 지켜져야 한다. 모든 선수들의 노력과 꿈은 똑같이 소중하다."

지난 2022년 베이징 동계올림픽 피겨스케이트 종목에 출전한 카밀라 발리예바의 도핑방지규정 위반 사실이 알려지자, '피겨여왕' 김연아가 자신의 SNS에 게재한 글이다. 과거 금메달을 빼앗겼다라는 표현을 들었을 정도로 억울한 상황에서도 그 결과를 담담히 받아들였던 그녀가 적극적으로 목소리를 낸 이유는·이 문제가 바로 '도핑'에 관한 것이었기 때문이다. 그녀의 행동을 통해 정정당당을 가장 큰 덕목으로 삼는 스포츠인들에게 도핑이 얼마나 불명예스럽고 예민한 사안인지 짐작할 수 있다.

'도핑(Doping)'이라 하면 가장 먼저 금지약물이 떠오른다. 우리

나라의 사례를 보면, 일부 선수들이 아나볼릭 스테로이드라는 금지 약물에 양성반응을 보여 선수 자격이 정지되고, 이미 획득한 전국 체육대회, 아시안게임, 올림픽, 세계선수권대회 등의 메달까지 박탈되는 일이 있었다. 단순히 다이어트를 위해 복용한 식욕억제제가 문제가 되기도 했고, 발모제를 도포한 게 도핑검사에서 양성 반응을 보여 제재를 받은 사례들도 있었다.

해외 유명 사례로는 1986년 유럽 육상선수권대회 여자 투포환 종목의 금메달리스트였던 하이디 크리거가 있다. 하이디는 코치가 제공한 스테로이드 약물을 지속적으로 투여하며 남성화되었고 결국 성전환 수술을 받아야 했다.

우리에게 알려진 사례는 약물을 사용한 경우지만, 도핑을 정확히 정의하면 선수가 경기력 향상을 목적으로 금지된 약물이나 방법을 사용하는 것이다. 즉, 복용뿐만 아니라 약물을 가지고 있거나 부정거래 하는 등 세계도핑방지기구(WADA)가 정한 도핑방지규정 위반에 해당하는 행위를 도핑으로 본다.

도핑이란 말에는 여러 가지 유례가 있다. 그중 포도 껍질로 만든 알코올성 음료의 이름인 네덜란드어 도프(Dop)에서 유래되었다는 의견이 가장 유력하다. 1899년 당시 영국 경주마에 사용되는 아편과 마약의 혼합물 의미로 도핑이라는 용어를 최초로 사용한 것을 도핑의 시작으로 본다. 여기서 핵심은 신체적 능력 향상을 위해 약

초든 알코올이든 무엇인가를 복용한 역사가 꽤 오래되었다는 것이다. 실제로 1896년 제1회 아테네 올림픽에서는 도핑이 공공연하게 이루어졌다. 당시에는 반칙을 하거나 상대방에게 의도적으로 손상을 입히는 선수의 행동을 비윤리적이라 여겼을 뿐 상대적으로 약물에 대한 관심은 높지 않았다.

근현대로 오면서 스포츠 경기 결과에 따라 명예와 포상이 달라지기 시작하며 도핑 문제는 점점 심각해졌다. '더 빨리', '더 높이', '더 멀리', '더 좋은' 기록을 내고 싶다는 마음은 더 강한 도핑의 유혹으로 변질되기 시작했다. 개인의 도핑에서 팀의 도핑으로, 팀의 도핑에서 국가가 권하는 도핑으로 번져갔다. 또 국제대회, 국내대회로 프로선수에서 아마추어 선수를 넘어 이제는 피트니스 센터나 중·고등학교 학생운동부까지 도핑이 스며들었다.

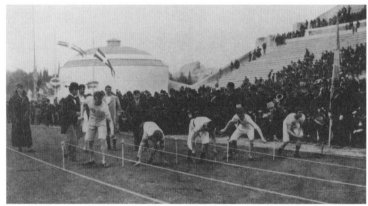

1896 아테네 올림픽

출처: KADA 2023-1급 생활스포츠지도사 도핑방지교육 자료

개인에서 팀으로, 팀에서 국가로

2016년 리우 하계올림픽 때 러시아도핑방지기구에서 근무하던 검사관 비탈리 스테파노프와 그의 아내이자 러시아 육상 국가대표 선수인 율리아 스테파노바가 러시아 정부의 도핑 개입과 은폐를 폭로했다. 그들은 러시아 체육부가 선수의 시료 분석결과를 조작하고, 금지약물 섭취 전 선수들의 깨끗한 소변을 미리 받아서 냉동보관 해두는 등 국가 차원에서 조직적 도핑을 했다고 말했다. 이런 사실이 적발되며 러시아는 국제대회 출전이 금지되었고 러시아 선수들은 2018년 평창 동계올림픽에 국가 대표가 아닌 개인 자격으로만 출전할 수 있었다.

율리야 스테파노바의 증언에 따르면 러시아 체육계의 금지약물 복용은 국가 단위에서 일어난 매우 조직화된 행위였다. 코치들은 어릴 때부터 두각을 나타내는 선수들에게 도핑을 권유하고, 도핑에 대한 개념이 없는 어린 나이부터 코치가 구해주는 금지약물의 효과를 본 선수들은 이내 스스로 약물을 구해 사용하는 수준에 이른다고 했다. 이 폭로에 심각성을 느낀 세계도핑방지기구는 조사에 착수했고, 2012년 런던 하계올림픽, 2014년 소치 동계올림픽에서도 조직적인 도핑이 이루어진 것을 확인했다.

반도핑에서 도핑방지로

진화하는 도핑의 흐름 속에서 도핑을 막기 위한 노력도 뒤따랐다. 1886년 만연했던 도핑 속에 사이클 선수가 흥분제를 복용하고 경기를 치르다 사망하는 일이 일어났다. 이에 세계육상경기연맹은 국제경기연맹 최초로 도핑 금지를 선언했다. 그러나 금지 선언이 무색하게 1930년대에 인조 합성 호르몬이 발명되었고 1950년대 이후까지 도핑 목적으로 호르몬을 사용하는 일이 증가하면서 도핑 문제는 더욱 심각해졌다.

1960년 사이클 선수가 암페타민* 과다 복용으로 사망하면서 스포츠 당국에 대한 약물검사 압력이 거세졌다. 이에 1963년 유럽연합은 도핑방지에 대한 국제적 발의를 진행하였고, 1966년 국제사이클연맹과 국제축구연맹은 각각 도핑검사를 도입하게 된다. 다음해인 1967년 국제올림픽위원회(IOC)에서는 처음으로 금지약물 목록을 발표했다. 같은 해에 개최된 투르드 프랑스 대회 중 또다시 한 선수가 암페타민 복용으로 사망하면서 도핑 금지와 약물 목록에 대한 명분은 강화되었고, 1968년 멕시코 하계올림픽에 처음으로

---

* 암페타민은 중추신경 흥분제로 전반적인 신체 활동을 일시적으로 증가시켜주는 합성 화합물질이다. 피로감을 낮춰줄 뿐만 아니라 기분을 좋게 하고 에너지를 증가시켜 각성 상태를 유지시켜 준다. 하지만 지속적으로 사용할 경우 내성과 의존성이 생기고 부작용과 금단증상이 있어 마약류로 분류된다.

도핑검사가 도입되었다. 이후 1983년 도핑검사기법의 표준화 등 고급 검사기기 도입으로 정밀검사가 시작되어 지금에 이르렀다.

여기서 짚어봐야 할 단어가 있다. 바로 '반도핑(Against Doping)' 이다. 반도핑은 국제올림픽위원회가 도핑에 맞서 싸우기 위한 정책 수립 문서에서 사용된 용어로, 말 그대로 도핑을 반대하고 금지함을 의미한다. 2005년 10월 유네스코 총회에서 'International Convention Against Doping in Sport' 국제협약을 채택했고, 한국에서도 2007년 3월 '스포츠반도핑국제협약'을 다자 조약으로 공포했다.

도핑을 막기 위한 세계적인 움직임 속에서 한국도 드디어 2006년에 '한국도핑방지위원회'를 설립했다. 한국은 이때 '반도핑'이 아닌 '도핑방지(Anti-Doping)'라는 용어를 채택했다. 단어 그대로 도핑을 반대하고 금지하는 것을 넘어서 도핑을 하지 않도록 방지하겠다는 의지가 보이는 선택이다. 한국뿐만 아니라 전 세계적으로 더 많은 도핑을 검사할 수 있는 도핑검사 방법을 연구 중이며 평소 선수의 자료를 통해 도핑 여부를 알 수 있도록 도핑관리에도 열을 올리고 있다. 무엇보다 선수들이 도핑을 선택하지 않도록 선수 및 관계자들에 대한 교육도 활발히 진행하며 도핑방지를 위해 나아가고 있다.

02
도핑방지 기구

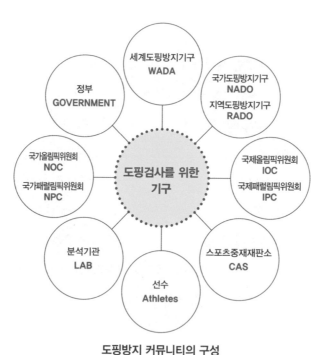

도핑방지 커뮤니티의 구성
전 세계적으로 도핑방지 활동에 참여하는 주요 기구들의 모임을 지칭한다.

계속되는 도핑과의 전쟁에 독립적인 도핑방지 국제기구의 필요성이 대두되었고 1999년 국제올림픽위원회의 주도로 규약을 제정 및 개정하고 관련된 모든 당사자들이 한 자리에 모여 제1회 스포츠 도핑국제회의(World Conference on Doping in Sport)를 열었다. 이 회의에서 도핑방지를 위한 '로잔 선언'이 채택되었고, 이 선언에 따라 독립적 도핑방지 국제기구인 '세계도핑방지기구(WADA, World Anti-Doping Agency)'가 구성되었다.

세계도핑방지기구는 다음해인 2000년 시드니 올림픽부터 제 기능을 발휘했으며 2003년에는 'World Anti-Doping Code'를 선포하면서 139개국의 서명을 토대로 코펜하겐 선언을 채택했다. 이는 스포츠 규칙으로 2004년 아테네 하계올림픽부터 전면 적용하여 모든 스포츠 종목에서 도핑방지를 위한 노력과 책임을 강화하고자 했다.

세계도핑방지기구는 무엇보다 전 세계 스포츠 조직에서 도핑방지 정책과 규정에 일관성을 부여하기 위해 노력하고 있다. 그야말로 도핑방지의 중심으로 '세계도핑방지규약'을 간행하고 매년 금지약물을 갱신해 발표한다. 또한 도핑방지행정관리시스템(ADAMS)을 통한 조직화에도 노력하고 있다. 분석기관 인증 관리, 치료목적 사용면책 및 선수생체수첩을 관리하며 도핑방지행정관리시스템을 통해 세계 도핑방지 프로그램에 관련된 모든 사람들이 정보를 공유할 수 있도록 하고 있다.

2018년에는 도핑방지 교육 및 학습 플랫폼으로 'ADEL'*을 출시 했다. ADEL은 선수, 보호자, 지도자 등 대상별 맞춤 교육프로그램을 구축하고 실무자들의 지식 공유, 질문 및 답변 기능을 지원하는 커뮤니티 학습 채널을 통해 개인화된 경험을 제공한다.

세계도핑방지기구는 도핑검사 시료에 대한 분석은 실시하지 않고 있으며 도핑방지규정 위반에 대한 제재를 가하지도 않고 있다. 그렇다면 이 역할은 어떤 기구에서 담당하는지 각 기구들의 역할에 대해 알아보자.

국가도핑방지기구(NADO, National Anti-Doping Organization)

국가도핑방지기구는 각 국가의 국가 수준에서 도핑방지규정을 제·개정하고 시행하며, 시료채취를 주관하고 그 결과에 대한 관리 및 결과관리를 수행하는 일차적인 권한과 책임을 부여받은 기구를 말한다. 정부 당국이 지정하지 않는 경우, 국가올림픽위원회 또는 그 위원회에서 지정한 단체가 국가도핑방지기구가 된다.

대한민국의 국가도핑방지기구로는 '한국도핑방지위원회(KADA)'

---

* 세계도핑방지기구 온라인 도핑방지교육플랫폼(ADEL, Anti-Doping Education and Learning Platform)

가 있으며, 국외로는 영국도핑방지기구(UKAD), 미국도핑방지기구
(USADA), 캐나다스포츠윤리센터(CCES) 등이 있다.

지역도핑방지기구(RADO, Regional Anti-Doping Organizations)

세계도핑방지기구는 한정된 예산과 인력 등으로 인해 도핑방지
프로그램 시행에 어려움을 겪는 나라들을 지원하기 위해 2004년
부터 지역도핑방지기구를 구성해 운영하고 있다. 예를 들면 베트
남, 캄보디아, 태국, 브루나이, 인도네시아 등이 참여하는 동남아시
아 지역도핑방지기구인 'SEA RADO'를 들 수 있다. 이 밖에도 오
세아니아(OCEANIA) RADO, 캐리비안(CARIBBEAN) RADO, 북아프
리카(NORTH AFRICA) RADO 등 12개의 지역도핑방지기구에 모두
119개 나라가 참여하고 있다.

지역도핑방지기구는 회원국 간의 지속가능성과 책임, 역량 강
화, 도핑방지 규약 준수와 관련 프로그램 개발, 상호 협력을 추구하
는 것을 목표로 하고 있다.

국제올림픽위원회(IOC, International Olympic Committee)

국제올림픽위원회는 1894년 파리에서 창설되었다. 올림픽대회
에 참가하고자 하는 각 국가들은 국제올림픽위원회가 승인하는 국
가올림픽위원회를 보유해야 한다. 국제올림픽위원회는 올림픽 운

동을 주도하고 있는 만큼 올림픽 정신 아래 모든 국가의 경기자 간 우호 촉진과 강화에 힘쓰고 있다. 또한 세계도핑방지규약에 따라 올림픽에서 국가도핑방지기구 및 관련 기관과 도핑방지를 위한 협력 관계를 구축하는 데 있어서 중심적인 역할을 수행하고 있다.

국제패럴림픽위원회(IPC, International Paralympic Committee)

국제패럴림픽위원회 또한 세계도핑방지규약에 따라 패럴림픽을 운영하는 데 중심적인 역할을 한다. 국제패럴림픽위원회는 국제올림픽위원회가 설립되고 거의 100여 년 뒤인 1989년에 설립되었으며 장애인 선수들이 스포츠 경기에 참여할 수 있는 기회와 장애인들이 전문적인 스포츠 지식을 연마할 수 있도록 도움을 주고 있다. 국제패럴림픽위원회는 패럴림픽의 가치인 용기, 결정, 격려와 평등 증진이라는 목적을 가지고 있으며 도핑검사의 운영 및 도핑방지규정 위반 발생에 대한 권한과 책임을 가지고 있다.

세계도핑방지규약에 따라 국가도핑방지기구가 없는 경우 국제올림픽위원회와 국제패럴림픽위원회가 도핑방지교육을 담당하고, 국가도핑방지기구가 있는 경우 국제기구와 협력하여 진행한다.

국제경기연맹(IF, International Sports Federation)

국제경기연맹은 각 종목별 총괄 기구로, 각국의 해당 종목 경기연맹을 회원으로 두고 있다. 예로 세계양궁연맹, 국제펜싱연맹, 국제체조연맹 등을 들 수 있다. 각 종목의 국제경기연맹은 해당 종목들의 세계선수권대회를 운영하고 경기 규칙 제정과 세계 기록 공인 등을 주관하고 있다.

국제경기연맹과 협력하는 대표적인 국제스포츠 기구로는 하계와 동계올림픽종목협의회 등 총 90여 개의 단체로 구성된 국제경기연맹총연합회(GAISF)가 있다. 그러나 국제경기연맹총연합회는 2022년 해체를 선언하고 2023년 9월 해체 최종 공식 절차를 완료했다. 국제경기연맹들은 세계도핑방지기구의 세계도핑방지규약을 준수해야 한다.

국제검사기구(ITA, International Testing Agency)

러시아에서 국가 주도로 도핑을 했다는 사실이 밝혀지면서 국가로부터 독립적인 지위가 확보되는 도핑검사기구의 필요성이 떠올랐다. 그에 따라 국제올림픽위원회로부터 도핑검사에 대한 독립적인 권한을 부여받은 국제검사기구가 설립되었고 2018년 평창 동계올림픽을 시작으로 독자적으로 도핑검사를 시행하게 되었다.

국제검사기구는 국제경기연맹과 주요 국제경기대회 주관단체 및 전 세계의 도핑방지기구에 세계도핑방지규약에 맞는 도핑방지 정책과 관련 서비스를 제공하며 공정한 스포츠 대회가 이루어질 수 있도록 도핑검사 대상부터 도핑검사 종류까지 도핑검사 과정을 모두 관리한다.

정부(Government)

정부는 금지된 성분을 포함할 수 있는 제품의 경우 라벨에 표시한다거나 도핑방지 활동에 대한 재정을 지원하는 등 국가 단위의 도핑방지 활동을 지원한다. 이외에도 도핑과 관련된 직업에 대한 체계를 확립하고, 도핑방지의 모범 사례를 홍보하는 등 도핑연구와 도핑방지 교육에 힘을 실어주며 도핑방지 활동을 독려한다.

스포츠중재재판소(CAS, Court of Arbitration for Sport)

스포츠중재재판소는 약물 복용, 판정 시비 등 국제 스포츠에서 일어날 수 있는 분쟁을 심판하고 관리하는 기구로 국제올림픽위원장의 제안으로 1980년에 창설되었다. 그리고 1994년 어떤 단체나 기관의 감독을 받지 않는 기구로 독립했다.

독립기구인 스포츠중재재판소는 심판에 필요한 스포츠법과 중재 등에 전문지식을 갖춘 위원들로 구성되어 있으며 각종 국제대회에서 일어나는 분쟁을 해결하기 위해 활발히 활동하고 있다.

분석기관(Laboratories)

분석기관은 공인 분석기관(Accredited Laboratories)과 승인 분석기관(Approved Laboratories)으로 구분된다. 우선 공인 분석기관은 분석기관 국제표준(ISL, International Standard for Laboratories)과 관련 기술 문서에서 제시하는 기준을 충족하여, 세계도핑방지기구로부터 유효한 시험 결과와 증거를 제공할 수 있도록 공인된 분석기관으로 전 세계 30여 개의 공인 분석기관이 대륙별(아프리카, 아시아, 유럽, 오세아니아)로 있다. 한국에서는 한국과학기술연구원이 세계도핑방지기구의 인증을 받아 시료 분석 및 도핑 검출 기술을 연구하고 있다.

특정 지역의 경우, 세계도핑방지기구 공인 분석기관이 선수생체수첩 분석을 수행하는데 지리적으로 한계가 있었다. 그래서 2010년 세계도핑방지기구는 선수생체수첩에 필요한 혈액검사를 위해 인증 분석기관 3개를 인가하였다. 공인 분석기관은 선수생체수첩에 필요한 혈액검사만으로 제한된 실험실을 인가하고 유지하고 있다.

03
현재의 도핑

　도핑방지 강화를 위한 법제 개선 방안 연구 결과에 따르면 선수가 건강보조제 및 보충제를 구입하는 경로는 집단 평균 기준으로 국내 인터넷 사이트 온라인쇼핑(56.2%)의 비중이 가장 크게 나타났다. 그다음으로는 병원 또는 약국, 지인, 해외 직구 순이다. 이외에도 온라인에서 불법적으로 판매되고 있는 금지약물은 대표적으로 스테로이드제나 각성/흥분제가 있고, 세부적으로는 훨씬 많은 약품들이 판매되고 있는 실정이다.

금지약물의 온라인 불법 판매 현황

약품	2016	2017	2018	2019	계	
					건수	%
스테로이드제	272	344	600	4,373	5,589	5.8
각성/흥분제	2,176	2,298	2,785	1,798	9,057	9.5
기타(다이어트제)	4,379	3,169	5,855	2,126	15,529	16.2

출처: 노용구(2019). 도핑방지 강화를 위한 법제 개선방안 연구

선수들이 다방면에서 금지약물에 대해 점점 쉽게 접근하는 동안 한국도핑방지위원회에서도 발 빠르게 도핑 여부를 적발할 수 있도록 노력했다. 대한체육회와 대한장애인체육회 등에 등록된 선수를 기준으로 도핑검사를 하고 있으며 2017년 4,739건, 2018년 5,736건, 2019년 6,655건, 2021년 6,185건, 2022년 6,617건으로 증가하고 있다. 2020년에는 3,150건이었는데 이는 코로나바이러스 감염증-19(이하 코로나19)로 인한 일시적 감소였다. 그리고 한국도핑방지위원회는 국내에서 진행되는 대회에서 도핑검사를 실시하고 이의 결과를 관리하고 있는데 이 결과들을 통해 한국의 도핑검사 현황을 엿볼 수 있다.

2017년~2022년 도핑검사 현황

연도	검사 종류		총계	시료 종류	
	경기기간 중	경기기간 외		소변	혈액
2017	3,104	1,635	4,739	4,503	236
2018	3,574	2,162	5,736	5,529	207
2019	3,725	2,930	6,655	6,078	577
2020	1,378	1,772	3,150	2,677	473
2021	2,671	3,514	6,185	5,426	759
2022	3,004	3,613	6,617	5,731	886

출처: 한국도핑방지위원회

학생 선수의 도핑 증가

도핑방지규정을 위반한 선수의 5명 중 1명이 학생 선수이다. 특히 최근 5년간 유소년의 연평균 위반 건수는 4.8건으로 10대의 총 위반 건수(24건)의 약 21%를 차지하고 있다. 이는 어린 선수들도 도핑의 유혹에 노출되어 있음을 보여 주는 자료로 한국도핑방지위원회가 실시한 2020년 체육인 도핑방지 실태조사에서도 드러났다. 학생 선수 10명 중 1명이 금지약물을 사용한 경험이 있다고 밝혔으며 처음 약물을 접한 시점은 초등에서 11.4%, 중등에서 8.7%, 고등에서 12.5%로 어린 나이부터 도핑을 접했다는 것을 알 수 있다.

학생 선수는 환경적 요인과 개인적 요인에 의해 도핑의 유혹을 경험한다. 환경적 요인으로는 경기 실적을 통한 상급학교 진학과 엘리트 선수로의 낮은 성공 확률을 꼽을 수 있으며 개인적 요인은 경쟁적인 스포츠 환경에 따라 과도한 승리 욕구나 도핑방지에 대한 지식 부족을 들 수 있다.

경기력 향상과 발현을 최고의 목표로 하는 엘리트 선수에게 도핑의 유혹은 더욱 절실하게 다가온다. 실제로 육상 선수 A는 특기자로 대학에 가야 하는데 당장 입상 실적은 부족하고 노력의 성과는 예상하기 어려웠다. 이러한 과정에서 도핑의 유혹을 이겨내지 못하고 스테로이드를 복용했다. 유도 선수 B는 2년 내내 계체 통과 때문에 힘들어했다. 체중을 감량하는 것에 지친 B는 약을 먹으면 쉽게 감량할 수 있다는 주변의 추천에 약을 먹게 되었다. 또한 지도자가 경기 시 유독 긴장을 많이 하는 선수 C에게 소량의 보충제를 음료수에 타서 복용하도록 권유한 사례도 있다. 이 경우 지도자가 선수에게 긴장을 푸는 데 도움이 될 것이며 도핑검사에도 안 걸릴 것이라고 권유했다. 하지만 도핑검사에서 적발되었고, 지도자는 3년 자격정지를 받았다.

현실적으로 자신의 현재, 또 미래를 위해 도핑이라는 유혹이 있을 수는 있다. 놀라운 사실은 선수들이 도핑임을 알면서도 행동으로 옮기는 경우가 많다는 것이다. 당장 눈앞의 성과를 위한 선택이 지금까지 쌓아온 과거까지 무너트릴 수 있음을 기억해야 한다.

생활체육인의 도핑 증가

도핑의 유혹은 나이도 종목도 가리지 않는다. 이제는 생활체육인에게까지 손을 뻗고 있다. 생활체육인의 도핑 실태를 살펴보면, 생활체육인의 도핑 금지성분 사용 경험률은 34.8%로 프로선수의 2배가 넘는다.

일반의약품 금지성분 가능성 인지와 건강보조제 및 보충제 금지성분 포함 가능성 인지의 수치를 보면 생활체육인들은 프로선수들의 절반 정도에 그친다. 이는 일반의약품 중 금지성분 가능성에 대한 인지가 선수에 비해 다소 낮음을 단편적으로 보여준다. 예를 들면 우리가 많이 복용하는 타이레놀콜드에스정이라는 의약품 안에는 슈도에페드린염산염이라는 경기기간 중 금지성분이 들어있는데, 흔히 먹는 약이다 보니 금지성분이 있는지 모르고 복용함으로써 도핑검사에서 적발될 수 있다.

어찌보면 이는 당연한 결과다. 아래 도핑방지 교육 경험을 보면, 프로선수는 95.8%가 도핑방지 교육을 경험했다고 대답한 반면 생활체육인은 14.1%로 엄청난 차이를 보인다.

생활체육인과 프로선수의 도핑 인식 비교

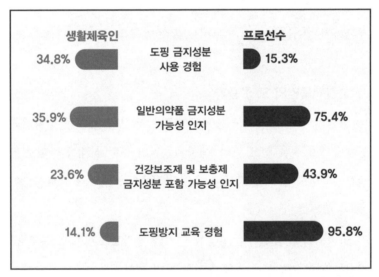

출처: 2023 KADA 한국도핑방지위원회 교육자료

도핑방지 교육은 아직까지 전문 체육인을 중심으로 이루어지고 있는 반면 일상에서 금지된 약을 구하기는 너무 쉬워졌다.

"몰랐다"는 말은 변명이 될 수 없고 어떠한 상황이든 도핑방지 규정 위반에 대한 책임은 선수 본인이 져야 하므로 어떤 상황에 어떤 약물이 금지되는지 알아두는 것이 좋다. 아울러 도핑을 방지하기 위해선 선수의 책임을 강조하는 것도 중요하지만 꾸준하고 폭넓은 도핑방지교육이 필요하다.

일상 속 도핑

도핑 하면 프로선수들이 하는 것 또는 올림픽과 같은 규모가 큰 스포츠 경기에서 하는 것을 떠올릴 수 있다. 하지만 우리가 도핑검사 대상이 아니기 때문에 잘 느끼지 못할 뿐 도핑으로 규정하고 있는 금지약물은 우리 일상에서 흔히 접할 수 있다.

2023년만 해도 고등학생 마약 음료 시음 사건이 있었다. 서울 강남구의 학원가에서 신원 미상의 조직 일당이 불특정 다수의 고등학생에게 기억력과 집중력 강화에 좋은 음료의 시음행사라며 마약이 함유된 음료를 마시게 한 사건이다. 이를 수상하게 여긴 사람들이 신고했고, 음료를 조사한 결과 금지약물인 메스암페타민(필로폰)과 엑스터시가 들어 있었음이 밝혀졌다.

이는 모르고 금지약물을 복용한 사례라면 알고도 금지약물을 복용한 사례도 있다. 2019년 보디빌더들 사이에서 몸을 키우기 위

해 약물을 복용했다는 제보가 소셜미디어에서 줄을 이었다. 일명 '약투운동'이다. 2010년대 중반을 기점으로 해외에서 몸을 만들기 위해 자신이 오래전부터 약물을 복용해왔음을 공공연히 인정하는 한편 약물의 부작용과 위험성을 알리는 영상물을 제작하여 공개했는데 이 움직임이 국내에서도 일어난 것이다.

약투운동에 참여한 한 선수는 약물을 복용하면 평소보다 5배 이상의 운동 효과를 볼 수 있었다고 설명하며 약물의 부작용으로 성기능 장애, 호르몬 불균형으로 인한 분노조절 장애, 탈모, 관절 문제 등이 있었다고 덧붙였다.

운동선수가 아니어도 내가 다니는 피트니스 센터의 트레이너가 그리고 내가 즐겨 보는 운동 유튜버가 금지약물을 사용하고 있을 수 있다. 또 어쩌면 내가 구매한 유명한 다이어트 보조제에도 금지 성분이 포함되어 있을 수 있다. 그래서 개개인을 모두 검사할 수는 없지만 국가와 관련된 공적인 부분에서는 도핑검사를 할 수 있도록 도핑관리의 범위도 확대되고 있다.

경찰공무원 신체검사

우리나라의 경찰공무원 신체검사는 체격, 시력, 색신, 청력, 혈압 등으로 구성되며 국공립종합병원에서 개인적으로 진행한다. 그리고 체력시험을 진행하는데 시험을 통과하기 위해 부적절한 방법을 사용할 가능성이 있어 도핑검사를 동시에 진행한다. 경찰공무원 체력시험에 해당되는 금지약물은 총 7종 및 대사물질이며, 스테로이드, 이뇨제, 흥분제, 마약류 등이 포함된다.

검사 대상은 체력검사 응시 인원의 5%로 무작위로 선정되며, 먼저 추첨자를 선정하고 이 추첨자가 검사 대상을 추첨하는 방식이다. 채취된 시료는 국립과학수사연구원 법과학부 독성학과로 전달되어 검사가 진행된다.

소방공무원 신체검사

소방공무원 업무에는 소화 업무, 방호 업무, 예방 업무 등이 있다. 직업적으로 강인한 체력을 요구하는 소방공무원은 특수한 업무

지방공무원 임용을 위한 체력시험 금지약물

동화작용제 총 7종 및 그 대사물질 생물학적 변환 과정을 통하여 생성된 모든 물질

① 동화작용남성호르몬스테로이드(AAS)

– 외인성 동화작용남성호르몬 스테로이드(Exogenous AAS)
Drostanolone, methenolone, methasterone(17β-hydroxy-2α,17α-dimethyl-5α-androstan-3-one), stanozolol, 1-testosterone(17β-hydroxy-5α-androst-1-en-3-one)

– 외인성으로 투여된 내인성 동화작용남성호르몬스테로이드(Endogenous AAS)
testosterone

② 기타 동화작용제
Clenbuterol

이뇨제 총 3종

Hydrochlorothiazide, chlorothiazide, furosemide

흥분제 총 3종

methylhexaneamine(dimethylpentylamine), methylephedrine, ephedrine
※ methylephedrine과 ephedrine은 소변에 밀리리터당 10마이크로그램보다 많을 경우 금지된다.

마약류 총 11종

Buprenorphine, dextromoramide, diamorphine(heroin), fentanyl 및 유도체, hydromorphone, methadone, morphine, oxycodone, oxymorphone, pentazocine, pethidine

출처: 지방공무원 임용을 위한 체력시험 금지약물 및 금지방법

를 수행하기에 특정직공무원으로 분류되고 있으며 경찰공무원과 같이 체력검사 과정에서 시험의 공정성을 확보하고 응시자의 건강을 보호하고자 도핑검사를 실시하고 있다.

금지약물 및 금지 방법은 공무원 임용을 위한 체력시험 금지약물 및 금지방법 고시(인사혁신처 고시 참고)에서 규정하고 있는 약물 및 방법 사용을 금지하고 있다.

검사 대상자 선정은 스크리닝 검사에서 양성반응자를 대상으로 실시하거나 무작위 추첨방식을 적용하여 무작위 5%를 선정하여 도핑검사를 진행한다.

공무원 임용을 위한 체력시험에 적용되는 금지약물은 공무원임용시험령 제51조 제1항 제6호에 따라 동화작용제, 이뇨제, 흥분제 등으로 구분된다.

그리고 공무원임용시험령 제51조 제1항 제6호에 따라 도핑검사 과정에서 채취한 시료의 성분과 유효성을 변조하거나 변조를 시도하는 행위, 예를 들어 소변 바꿔치기 또는 섞기, 이와 유사한 방법 등을 금지방법이라 한다. 금지방법 역시 금지약물과 같이 분석 결과 비정상으로 판단하여 제51조에 따라 당해 시험을 무효로 하거나 합격을 취소하고 향후 5년간 응시자격이 정지될 수 있다.

대통령경호처 정기공개채용 신체검사

대통령경호처에서는 특정직 7급 경호공무원으로 응시자격에 학력 및 경력에는 제한이 없다. 대통령경호처에서는 체력검정 시 도핑검사를 시행하며 도핑검사는 체력검정의 공정성 확보 및 응시자의 건강보호를 위해 시험결과에 영향을 미칠 수 있는 금지약물의 복용을 금지한다. 체력검정 당일 『공무원임용시험령』 제51조 제1항 제6호(부정행위자 등에 대한 조치) 및 『인사혁신처 고시 제2019-1호』 의 '공무원 임용을 위한 체력시험 금지약물 및 금지방법'에 따라 금지약물 복용 여부를 응시자 중 임의로 확인할 수 있음으로 공시하고 있다.

도핑검사관이 말하는
도핑검사관 이야기
— 김현주

"도핑검사관은 선수와 함께 공정한 스포츠를
만드는 사람이라 생각합니다."

1 / 간단한 자기소개를 부탁드립니다.

저는 2002년 현대여자배구단에서 은퇴한 배구 선수로 현재는
스포츠심리학 박사로서 대학에서는 겸임교수로, 현장에서는 멘탈
코치로, 한국도핑방지위원회에서는 14년차 도핑검사관으로 활동하
고 있는 김현주입니다. 도핑방지교육 전문강사로 활동하게 된 지는

8년 정도 되었고, 국내에서 개최된 메가스포츠이벤트에는 모두 참여했습니다.

2 / 도핑검사관이 된 계기는 무엇인가요?

거창한 이야기를 생각하셨을 수도 있지만 도핑검사관이 된 계기는 '우연히'입니다. 저는 배구 선수로 활동했었기 때문에 도핑검사를 받아본 경험이 있습니다. 2005년 울산전국체육대회에서 도핑검사를 받았는데 당시에는 도핑검사를 왜 하는지도 모른 채 그저 너무 신기했습니다. 그러다 2009년 친한 선배가 우연히 도핑검사관을 모집하고 있다며 설명해줬고, 도핑검사 경험이 있던 저는 '한번 해보자!'하고 도핑검사관에 도전했습니다.

사실 처음에는 경험이 있으니 어렵지 않을 것이라는 생각과 그 경험을 선수에게도 전달해주고자 하는 마음이 컸습니다. 제가 선수로서 도핑검사를 받았던 2005년에는 절차도 규정도 모든 것이 까다롭거나 어렵지 않았고, 도핑에 대한 지식과 필요성에 깊이 생각해보지도 않았습니다. 그래서 정말 큰 부담 없이 누군가 도핑에 대해 알려준다면 선수들에게 도움이 되지 않을까 생각했습니다. 이렇게 선배를 통해 우연히 접한 소식이 제 천직을 찾는 계기가 되어 저는 현재까지 도핑검사관으로 활동하고 있습니다.

3

지금까지 참여하셨던 대회와 업무를 소개해주세요.

국내·외 많은 종목에서 도핑검사관으로 활동했습니다. 국제대회를 중심으로 말씀드리면 2013년 인천 아시아실내무도대회에서는 카바디와 풋살장에서 근무했는데, 국제대회 첫 참여여서 엄청 긴장했던 기억이 있습니다. 2014년 인천 아시안게임에는 선수촌에서 경기기간 외 검사를 담당하였고, 대회기간 중에는 세계도핑방지기구의 교육홍보팀에 합류하여 전 세계 선수들에게 선물을 나누어주며 도핑방지 활동을 했습니다. 2015년 광주 유니버시아드대회, 2018년 평창 동계올림픽, 2019년 세계수영선수권대회 등의 대회에서도 도핑검사관으로 활동했습니다. 이렇게 많은 메가스포츠이벤트에 참여하면서 다양한 종목의 선수를 만나 도핑방지에 대한 인식 및 어려움의 이야기를 들으면서 도핑검사관으로서 큰 보람을 느꼈습니다.

4

평창 동계올림픽에서의 하루 일과는 어땠는지 궁금합니다.

평창 동계올림픽은 크게 평창선수촌과 강릉선수촌으로 구분되었는데, 저는 강릉선수촌에서 근무했습니다. 대회 전 입국한 선수를 대상으로 사전 도핑검사를 진행하였고, 사전 도핑검사를 진행하기 위한 선수 명단을 준비하는 것으로 경기기간 외 검사를 준비했습니다. 경기기간 외 검사는 새벽 6시부터 진행되었는데, 그 전에 진행할 검사를 준비하면서 하루일과를 시작했습니다. 대회 중에는 아이스하키 경기장과 컬링 경기장에서 도핑검사를 실시했습니다. 대회에 따라 다른 업무를 하는 것이 아니라 대회가 있을 때는 대회 준비부터 정리까지가 일과였습니다.

5

도핑검사관으로 활동하면서 기억에 남는 경험이 있나요?

도핑검사관으로 활동하면서 많은 종목의 선수를 만났습니다. 그중 기억에 남는 선수가 있습니다. 당시 경기기간 외 검사로 선수 자택에 방문하여 검사를 진행했었죠. 장소가 선수 자택이어서 선수는 '편안한 마음이니 금방 끝날 것 같아요'라며 분위기 좋게 검사를 시작했습니다. 그런데 2시간, 3시간이 지나면서 선수는 '검사관님, 죄송해요. 화장실 가고 싶은 마음이 안 드네요. 어쩌죠.'라며 불안해하기 시작했습니다. 저는 선수의 마음을 편안하게 해주기 위해 검사관에서 상담자로 역할을 바꾸어 이런저런 이야기를 했습니다. 선수와 제가 하는 이야기를 들으시던 선수 어머니도 대화에 함께 참여하게 되었고, 도핑검사를 하러 갔던 저는 선수 경기력을 위한 상담, 진로 고민 등을 이야기하며 4시간을 보냈죠. 6시간쯤 지날

무렵, 선수가 화장실을 가겠다고 하면서 검사는 무사히 마쳤습니다. 어머님은 너무 고맙고, 즐거웠다며 김치랑 반찬을 챙겨주시면서 가져가서 먹으라고 분홍색 보자기에 정성스럽게 챙겨주셨어요. 하지만 도핑검사관은 규정상 선수나 선수 보호자 등이 주는 가벼운 선물을 포함한 어떤 것도 받을 수 없기에 마음만 받겠다며 사양했죠. 어머님은 다음에 꼭 검사 말고 밥 먹으러 오라고 인사해주셨습니다. 검사를 마치고 귀가하는 길이 너무 즐거웠어요. 거의 6시간 정도 선수 자택에서 검사를 위해 머물렀는데도 전혀 힘들지 않았던 경험이 있었습니다.

6

도핑검사관이 되고 싶은 사람들이 갖추어야 할 가치관 혹은 업무 능력이 있다면 말씀해 주세요.

우선 도핑검사관이 어떠한 일을 하고, 한국도핑방지위원회의 지향점이 무엇인지 알아야 합니다. 도핑검사관은 스포츠 현장에서 도핑을 적발하거나 선수를 제재하기 위해 활동하는 사람이 아니에요. 스포츠의 가치를 존중하고, 공정한 경기를 위해 노력하는 사람입니다. 따라서 우리나라의 온정주의 문화가 아닌 객관적으로 판단하고 선택과 집중할 수 있는 마음가짐이 필요하다고 생각합니다.

스포츠 현장에서는 예측하지 못한 일이 참 많이 일어납니다. 그렇기에 상황에 유연하게 대처할 수 있는 능력, 대회 관계자 및 부모와 자연스럽게 이야기할 수 있는 태도와 빠른 라포 형성 능력도 필요합니다. 특히 소통에 있어서는 세계적인 선수를 만나기에 언어와 문화 존중 및 이해 능력도 필요합니다. 저 역시 아직도 언어에 있어서 어려움에 직면할 때가 있습니다. 하지만 선수를 이해하고자 하는 도핑검사관의 마음은 선수가 분명 알아차리기에 진정성을 가지고 하면 문제 되지 않습니다.

끝으로 저는 도핑검사관의 활동이 돈을 벌기 위한 직업 활동이라기보다는 선수를 이해하고, 도와주고, 정보를 제공하는 역할에 가깝다고 생각합니다. 그런 마음으로 현장에서 선수를 대한다면 어려움보다는 보람을 느끼게 될 것입니다.

2023년 자전거 선수 대상 교육홍보 활동

SPORTS

Chapter 2.

도핑의 모든 것

SPORTS & DOPING

04
도핑방지규정

　한 선수의 부모가 지도자의 권유로 아젠트로핀(Agentropin) 성분의 성장호르몬을 구매해 보관했다. 아젠트로핀은 소마토르토핀을 성분으로 하는 성장호르몬으로 상시 금지약물에 해당한다. 그리고 이 사실은 한국도핑방지위원회의 조사를 통해 밝혀졌다. 해당 선수는 약물은 부모가 단독으로 결정해서 구매한 것이며 그의 부모도 구매한 약물을 바로 반품해 소지하지 않았다고 주장했다.

　또 다른 선수는 근육통 때문에 동네 약국을 방문했다. 해당 약국은 전문의약품 처방이 가능한 곳이었으며 당연히 약사에게 자신이 선수임을 밝히고 약물을 구매했다. 하지만 약국 처방약에 이뇨제 성분이 포함되어 있었고, 선수는 약사가 자신에게 말하지 않고 금지 성분이 든 약물을 처방했다고 주장했다.

　이 두 사례는 도핑으로 봐야 할까? 결론부터 이야기하면 두 사

례 모두 도핑방지규정 위반으로 인정되었다. 첫 번째 사례는 여러 정황상 고의성이 있다고 판단해 선수에게 4년의 자격정지 처분이 내려졌다. 두 번째 사례는 선수 본인이 처방약을 복용하기 전에 금지약물이 포함되어 있는지 확인하지 않은 점과 과거에도 해당 약국을 이용한 선수가 도핑방지규정 위반으로 자격정지 제재를 받은 사례가 있다는 것을 알고 있음에도 주의를 기울이지 않은 점을 들어 2년의 자격정지 처분이 내려졌다.

도핑방지규정

스포츠에서 도핑을 금지하는 첫 번째 이유는 공정하고 깨끗해야 하는 스포츠 정신을 위배하기 때문이다. 따라서 도핑이라고 판단하는 기준은 단순히 약물의 복용 여부로 결정되지 않는다. 세계도핑방지기구는 잠재적으로 유익한 효과가 있는가, 잠재적 건강 위험을 초래하는가, 스포츠 정신에 위배되는가를 고려하며 이 중 두 가지 이상을 충족할 경우 도핑으로 보고 있다. 그리고 한국에서도 국민체육진흥법(2023.9.15. 시행) 제2조 제10호에서는 "선수의 운동 능력을 강화시키기 위하여 문화체육관광부장관이 고시하는 금지 목록에 포함된 약물 또는 방법을 복용하거나 사용하는 것을 말한다."고 정의하고 있다.

이런 규정을 알고 앞의 사례를 다시 보면 왜 도핑으로 적발되었는지 이해할 수 있을 것이다. 실제로 한국도핑방지위원회는 선수가 금지약물을 사용하는 것, 금지약물을 소지하는 것, 금지약물을 부정 거래하는 것 등 다양한 사례를 바탕으로 도핑방지규정을 마련했다.

그리고 도핑으로 적발될 시 위반 사항에 따라 최소 견책에서 최대 영구 기간 동안 자격이 정지되는 제재를 받을 수 있으니 최대한 선수 스스로 확인하는 습관을 들이는 것이 중요하다. 복용하거나 또는 사용하는 약물이 금지약물인지 확인하는 것은 물론이고 해마다 업데이트 되는 세계도핑방지기구의 금지약물 목록을 참고하거나 금지약물 목록 확인이 어려울 때는 한국도핑방지위원회에서 제공하고 있는 '금지약물 검색서비스'를 이용하면 좋다.

도핑방지규정 위반 제재 기준

도핑방지규정 위반 유형	
제13조 제1호	선수의 시료 내에 금지약물, 그 대사물질 또는 표지자가 존재하는 경우
제13조 제2호	선수가 금지약물 또는 금지방법을 사용 또는 사용 시도하는 경우
제13조 제3호	선수가 시료채취를 회피 또는 거부하거나 시료채취에 실패하는 경우
제13조 제4호	선수의 소재지정보 불이행이 발생하는 경우
제13조 제5호	선수 또는 기타 관계자가 도핑관리 과정 중 부정행위를 하거나 부정행위를 시도하는 경우
제13조 제6호	선수 또는 선수지원요원이 금지약물 또는 금지방법을 보유하는 경우
제13조 제7호	선수 또는 기타 관계자가 금지약물 또는 금지방법을 부정거래하거나 부정거래를 시도하는 경우
제13조 제8호	선수 또는 기타 관계자가 경기기간 중에 있는 선수에게 경기기간 중 금지약물 또는 금지방법을 투여하거나 투여를 시도하는 경우, 또는 경기기간 외에 있는 선수에게 경기기간 외 금지약물 또는 금지방법을 투여하거나 투여를 시도하는 경우
제13조 제9호	선수 또는 기타 관계자의 공모 또는 공모 시도
제13조 제10호	선수 또는 기타 관계자가 특정 대상자와 연루되는 행위
제13조 제11호	선수 또는 기타 관계자가 관련 당국에 제보하는 것을 제지하거나 보복하는 행위
제65조 제3항 제1호	남용약물을 경기기간 외에 섭취 또는 사용하였고 종목의 경기력과 무관했음을 증명할 경우

출처: 한국도핑방지위원회

다양한 도핑방지규정 위반 사례

도핑방지규정을 보고 나서도 '그래도 다 금지약물과 연관된 것들 아닌가?'라고 생각할 수도 있다. 약물을 복용하지 않더라도 선수가 도핑검사관에게 적극적으로 협조하지 않고 시료 제공을 거부하거나 회피하는 사례, 소재지정보를 제출하지 않은 사례, 선수가 자신이 제공한 소재지정보와 다른 장소에 체류함으로써 검사를 받지 못한 사례도 모두 도핑방지규정 위반 사례에 해당한다.

이렇게까지 다양한 사례를 제재하고 있는 건 공정한 스포츠 정신이라는 대의도 있지만 부적절한 약물 사용으로 인해 선수가 건강을 잃거나 최악의 경우 생명까지 잃을 수도 있기 때문이다.

도핑에서는 '몰랐다'는 변명이 통하지 않는다. 도핑방지규정을 위반했을 때 책임은 전적으로 선수 본인에게 있다는 것을 잊지 말아야 한다.

05
도핑검사 대상

"나는 김종국이 로이더라는 걸 확신한다."

운동 선수는 아니지만 운동으로 유명한 연예인들이 있다. 김종국도 이 중 한 명으로 예능에 출연해 놀라운 운동 능력을 보여주기도 하고, 유튜브를 운영하며 운동하는 모습을 보여주기도 했다. 그러나 2021년 헬스트레이너이자 유명 유튜버인 한 캐나다 보디빌더가 김종국이 로이더(약물로 근육을 키우는 사람)가 확실하다며 도핑을 주장했다. 이에 김종국은 적극적으로 반박하며 도핑검사를 진행해 자신의 결백을 증명하겠다고 나섰다.

실제로 김종국은 국내 유일 도핑관리 전담기구인 한국도핑방지위원회에 도핑검사를 요청하였으나 거절당했다. 도핑검사는 대한체육회와 대한장애인체육회 등에 등록된 선수를 우선시한다는 이유였다. 이전에도 보디빌더 등이 개인적으로 도핑검사를 요청하는 경우가 있었으나 검사 비용 등을 고려했을 때 사익을 목적으로 검사할 수는 없다는 입장이었다.

하지만 김종국은 포기하지 않고 세계도핑방지기구에 가맹되어 있는 시료채취기구는 아니지만 한 업체를 통해 392가지 도핑검사를 진행하였고, 소변시료를 채취하고 봉인하는 것까지 모두 영상을 통해 공개했다. 이 시료는 세계도핑방지기구의 인증을 받은 분석기관으로 보내져 스테로이드를 투여한 적 없다는 결과를 얻을 수 있었다.

도핑검사 대상 선정 기준

김종국의 사례처럼 원하기만 해선 받을 수 없는 도핑검사의 대상은 누구일까. 효율성을 따지면 프로선수들 중에도 메달을 따거나 우승한 팀만 받아야 한다고 생각할 수 있다. 하지만 도핑검사 대상자는 특정 선수가 아닌 선수로 등록되었다면 모두 해당된다.

공정성을 따지면 모든 선수가 받아야 하지만 인력과 예산 등의 현실적인 문제로 모든 선수에 대해 도핑검사를 실시하기는 어렵다. 그래서 한국도핑방지위원회에서는 「검사 및 조사 국제표준」에 따라 전략적으로 도핑검사 배분 계획을 수립해서 시행하고 있다.

계획을 수립하기 위해서는 여러 가지 요인들이 반영된다. 종목별 위험도, 종목별 생리적 요인, 보상 및 환경 요인, 도핑방지규정 위반 이력 등을 종합적으로 검토해서 효과적인 검사 계획을 수립하

는 것이다.

검사 대상자 선정 방식은 크게 세 가지이며 무작위, 순위별, 표적검사로 나뉜다. 무작위 선정은 사전 선정 절차 없이 임의로 선정해 대상자의 예측이 불가능하다. 그리고 순위별 선정은 해당 경기의 순위별로 정해진 검사 일정의 따라 검사를 진행하는데 1위, 2위, 3위 선수뿐 아니라 등위 밖 선수도 도핑검사 대상자로 선정될 수 있다.

마지막으로 표적검사는 선수 경기력 및 제보, 은퇴에서 복귀한 선수, 도핑 이력이 있는 선수 등 정보를 기준으로 도핑검사 대상자를 사전에 선정하는 것이다. 번외로 한국도핑방지위원회에서 계획하에 선정하는 도핑검사 대상자 외에도 간혹 제보에 따라 도핑검사 대상자로 선정될 수도 있다.

도핑검사 대상자의 권리와 책임

도핑검사 대상이 된 선수에게는 권리와 책임이 존재한다. 선수가 행할 수 있는 권리부터 살펴보면, 선수는 도핑검사를 받는 동안 선수대리인이나 통역을 동반할 수 있다. 아울러 시료채취 절차에 대하여 설명을 받을 권리가 있으며 장애인 선수나 미성년 선수인 경우에는 특징에 맞추어 절차의 조정을 요청할 수도 있다.

도핑검사 대상자의 권리 예시

시각장애 선수에 대한 절차의 조정	미성년 선수의 권리
시료제공과 문서작업에 반드시 선수대리인을 동반하여야 한다.	미성년 선수는 반드시 성인이 함께 있는 상황에서 통지를 받아야 한다.
선수대리인은 선수 요청에 따라 시료채취 과정의 2차 입회인이 될 수 있다.	미성년 선수는 시료채취 과정 동안 대리인을 동반할 권리가 있다.
도핑검사서의 내용은 선수대리인이 선수에게 크게 읽어주어야 한다.	도핑검사관 또는 샤프롱이 미성년 선수와 단 둘이 있지 않는다.
문서작성은 선수 요청 시 선수를 대리하여 선수대리인이 작성할 수 있으며 선수와 함께 서명한다.	선수대리인은 선수가 시료제공 시 도핑검사관을 관찰해야 하지만, 시료제공과정을 직접 관찰할 수는 없다.
선수는 필요한 경우 시료 나누기에 선수대리인의 도움을 받을 수 있으며, 선수가 요청할 경우 도핑검사관의 도움도 받을 수 있다.	경기기간 외 도핑검사의 경우, 다른 성인이 선수를 동반하기 전에는 선수 혼자 있는 집에 도핑검사관이 들어갈 수 없다.
경기기간 외 검사의 경우, 선수가 지정한 장소에 도착하였는데 아무도 접촉할 사람이 없다면 도핑검사관은 개인 사유지에 들어갈 수 없다.	

출처: 한국도핑방지위원회

또한 도핑검사 대상자로 선정되면 경기가 끝나고 바로 도핑관리실로 이동하는 것이 원칙이나 인터뷰, 시상식 참석, 부상 치료 등 합당한 사유가 있을 경우에는 도핑관리실에 지연 도착을 요청할 수도 있다.

선수에게 부과되는 책임을 살펴보면 선수는 도핑관리실에 도착할 때까지 도핑검사관 또는 시료채취요원인 샤프롱의 직접적인 감시 하에 머물러야 한다. 시료를 제공하는 동안에는 도핑검사관 등 자격을 갖춘 사람에 의해 감시되며, 통지 후 첫 번째 시료를 제공하여야 할 책임이 있다. 또한 신분증을 제시하여 본인임을 확인시켜 주어야 한다. 동료 선수와 함께 경기를 치렀는데 혼자만 도핑검사의 대상이 될 수도 있고, 메달 여부와 무관하게 도핑검사의 대상이 될 수도 있다. 도핑검사의 대상이 되었다고 불편하게 생각하기보다는 본인이 가지는 권리와 책임을 생각해 절차를 잘 따르는 것도 중요하다.

06
선수
소재지정보

2014년 인천에서 열리는 아시안게임을 앞두고 소재지정보 도핑방지규정 위반으로 세계연맹으로부터 1년 자격정지 처분을 받은 선수가 있다는 기사가 쏟아져 나왔다. '도핑검사 적발', '도핑 회피' 등 다양한 타이틀로 보도되었는데 이야기의 핵심은 '소재지정보(Whereabouts)'에 있었다.

세계도핑방지기구는 도핑 없는 깨끗한 환경을 만들기 위해 선수에게 사전통지 없이 도핑검사를 실시하고 있다. 그리고 이를 효과적으로 수행하기 위해서는 선수의 정확한 위치 파악이 중요하다. 그래서 국내에서는 한국도핑방지위원회가 선수들의 '소재지정보'를 관리하고 있다. 소재지정보 제출 대상으로 선정된 선수는 지정된 마감 기한까지 소재지정보를 제출하고 소재지가 변경되면 즉시 관련 정보를 시스템에 업데이트 해야 한다.

어느 선수의 경우 소재지정보 입력에 대한 권한을 국내협회에 위임하였고 2014년 3월 해외 대회 출전을 위해 국외로 떠났다. 그러나 협회에서 선수의 소재지를 선수촌으로 그대로 두어 검사를 받지 못해 첫 번째 경고가 내려졌다. 이후 9월에는 국내협회가 선수의 소재지정보를 제때 입력하지 않아 두 번째 경고를 받았다. 마지막으로 11월에 세계도핑방지기구가 선수 소재지로 등록된 선수촌을 방문했으나, 선수는 지방에서 열린 대회 참가를 위해 선수촌을 비워 마지막 경고를 받았다. 결국 이 선수는 3회의 소재지정보 불이행으로 1년의 자격정지 처분을 받았다. 뒤늦게 이 사실을 접한 선수는 항소했고 재심의를 통해 선수에 대한 자격정지 1년 처분과 모든 위반 기록은 삭제되었으나 해당 국내협회는 벌금과 처벌을 받았다. 기록이 없어진다고 해서 기억이 사라지는 건 아니다.

선수가 경기 당일 좋은 성적을 내는 것도 중요하지만 무사히 경기에 도달하는 것이 먼저다. 바쁘더라도 필요한 절차들을 선수 본인이 세세하게 챙겨야 할 것이다. 자칫 선수 자격정지까지 이를 수 있는 소재지정보에 대해 제출해야 하는 내역 및 기한 등을 알아보자.

검사대상명부와 검사대상후보명부

소재지정보는 선수의 훈련·경기일정·거주지 등의 정보이다. 한국도핑방지위원회는 소재지정보를 제출해야 하는 대상을 소위 최상위급 선수들로 구성된 '검사대상명부(RTP, Registered Testing Pool)'와 이에 포함되지 않는 차상위급 선수들로 구성된 '검사대상후보명부(TP, Testing Pool)'로 나누고 있다.

이런 기준으로 선수들은 「한국도핑방지규정」과 세계도핑방지기구 「검사 및 조사 국제표준」에 따라 자신의 소재지정보를 제출해야 하는 의무가 생긴다. 또한 국제경기연맹으로부터 검사대상명부 대상자로 통지받은 선수는 명단에서 제외될 때까지 국제경기연맹에 소재지정보를 제출해야 한다.

자신이 검사대상명부 대상인지 아니면 검사대상후보명부 대상인지에 따라 정해진 기한까지 소재지정보를 제출하고, 만약 해외 전지훈련이나 대회출전 등으로 인해 소재지가 변경될 경우 즉시 관련 정

보를 시스템에 업데이트해야 한다. 보통 검사대상명부 선수는 분기
별로, 검사대상후보명부 선수는 반기별로 소재지정보를 제출한다.

한국도핑방지위원회에서 정의하고 있는 RTP와 TP

구분	KADA RTP	KADA TP
정의	국가 수준의 최상위 선수로 도핑 관리 프로그램 적용 최우선 순위	RTP에 포함되지 않는 차상위 선수
의무사항	분기별 소재지정보 제출	반기별 소재지정보 제출
제출정보	모든 소재지정보 - 야간거주지 훈련 및 정기활동, 참가 예정 경기 - 검사 가능한 '특정 60분' 단위 시간	완화된 소재지정보 야간거주지, 훈련 및 정기활동, 참가 예정 경기
미준수 결과조치	12개월 내 3회의 소재지정보 불이행(제출불이행 및/또는 검사 불이행) 발생 시, 1~2년의 자격정지	(1차) 서면경고 (2차) 서면경고 및 온라인 교육 이수 (3차) 표적 검사 (4차) RTP 등재

KADA RTP 대상자 소재지정보 제출기한		
1분기	1. 1. ~ 3. 31.	(제출마감 기한: 12. 15)
2분기	4. 1. ~ 6. 30.	(제출마감 기한: 3. 15)
3분기	7. 1. ~ 9. 30.	(제출마감 기한: 6. 15)
4분기	10. 1. ~ 12. 31.	(제출마감 기한: 9. 15)

KADA TP 대상자 소재지정보 제출기한		
1분기	1. 1. ~ 3. 31.	(제출마감 기한: 12. 15)
2분기	4. 1. ~ 6. 30.	
3분기	7. 1. ~ 9. 30.	(제출마감 기한: 6. 15)
4분기	10. 1. ~ 12. 31.	

출처: 한국도핑방지위원회

검사대상명부 대상 선수는 선수의 주소와 거주지(자택, 선수촌 등), 훈련 일정이나 학교 일정과 같은 정기적인 활동, 참가가 예정된 대회 일정 등의 정보를 제공해야 하고 특별히 자신이 검사를 받을 수 있는 '특정 60분(예를 들면 06:00~07:00)'에 관한 정보도 기록해 놓아야 한다. 검사대상후보명부 대상 선수는 '특정 60분'에 관한 정보만 제외하고 나머지는 검사대상명부 대상 선수와 마찬가지로 관련 정보를 시스템에 입력해 놓아야 한다.

이렇게 제공된 정보는 도핑검사 계획을 수립하고 진행하는데 중요한 데이터가 된다. 소재지정보는 선수 자신이 직접 관리해야 하고 소재지에 변동이 생기면 관련 정보를 즉시 시스템에 업데이트 해야 한다. 선수가 소속 경기단체 또는 제3자에게 소재지정보 제출을 위임할 수도 있어서 간혹 유명 선수의 경우 소속사 관계자나 전담 매니저가 소재지정보를 업데이트 하는 경우가 있는데 만약 이들이 관련 정보를 실시간으로 업데이트 해 놓지 않아 검사를 받지 못했다면 궁극적으로 선수에게 페널티 등 불이익이 돌아갈 수 있다는 점을 유의해야 한다.

소재지정보 불이행

소재지정보는 세계도핑방지기구의 웹 기반 시스템인 ADAMS (Anti-Doping Administration & Management System, 도핑방지행정관리

시스템)를 통해 제출한다. ADAMS는 온라인 PC 또는 모바일 앱을 통해 장소나 시간의 구애를 받지 않고 선수의 소재지정보를 입력 및 제출할 수 있는 시스템으로 선수의 관리기구인 한국도핑방지위원회로부터 ADAMS 로그인 아이디를 부여받아 소재지정보를 제출하면 된다.

소재지정보를 제출할 수 있는 시스템, ADAMS

출처: 한국도핑방지위원회

만약 정확한 소재지정보를 입력하지 않았거나 제출하지 않은 경우 그리고 '특정 60분 동안 특정 장소'에서 검사를 받지 못해 검사 불이행이 발생했다면 세계도핑방지규약, 검사 및 조사 국제표준 및 한국도핑방지규정에 따라 도핑방지규정 위반에 따른 제재를 받을 수 있다.

그리고 12개월 동안 소재지정보를 제출하지 않았거나 소재지정보와 다른 장소에 있어서 도핑검사를 받지 못한 경우가 3회 발생한 다면, 한국도핑방지규정 제2.4항 및 세계도핑방지규약 제2.4항에 의해 최대 2년까지 선수 자격이 정지될 수 있으며 선수의 과실 정도에 따라 최소 1년으로 감경될 수도 있다.

이런 정보는 선수에 대한 검사 관할권을 가진 도핑방지기구(국제경기연맹, 세계도핑방지기구 및 해당 도핑방지위원회) 간에 서로 공유되어 합산되므로 도핑방지규정을 위반하지 않도록 세심하게 신경 써야 한다.

07
도핑방지규정
위반의
결과관리

지금까지 도핑에 대해 다양한 사례를 다루었다. 누군가는 도핑방지규정 위반으로 몇 달 동안 출전 정지를 당하기도 하고 누군가는 몇 년 동안 자격 정지를 당하기도 한다. 이처럼 해당 사건의 최종 결정이 내려지기까지의 모든 과정을 결과관리라고 한다.

결과관리는 「세계도핑방지규약」과 관련 문서인 「결과관리 국제 표준」, 「결과관리 국제 표준 지침」 등을 기반으로 국제적으로 통일화된 결과관리 절차와 원칙 등에 근거하고 있다. 그리고 국내 도핑관리 프로그램 적용은 한국도핑방지규정을 기반으로 운영되고 있다.

결과관리 절차

결과관리 절차는 혐의 통지로 시작된다. 대상자는 혐의를 통지받으면 20일 내로 답변서를 제출해야 한다. 만약 답변서를 제출하지 않을 경우 청문 없이 제재가 결정되며 한국도핑방지위원회가 부과하는 결과조치를 일방적으로 수용해야 한다.

20일 내에 답변서를 제출하면, 위반을 인정하느냐와 부정하느냐로 나뉜다. 위반을 인정할 경우 제재가 결정되며 이에 동의하면 청문 없이 마무리되거나 제재를 합의하여 결정한다. 합의할 때는 결과관리 대상자와 한국도핑방지위원회가 진행하며 세계도핑방지기구의 승인도 필요하다. 만약 합의가 이루어지지 않거나 세계도핑방지기구가 승인하지 않으면 제재위원회 청문회가 열려 제재를 결정한다. 위반 사실을 인정한 후에 내려진 제재에 동의하지 않을 경우에도 제재위원회 청문이 진행된다.

위반을 부인하는 답변서를 제출한 경우에도 제재위원회 청문이 열린다. 여기서 결정된 제재의 결정문 통지에 약 15일이 소요되며, 항소는 결정문 통지 후 21일 내에 제기해야 한다. 항소를 제기하여 항소기구에서 청문이 열리면 항소기구의 결정문이 통지되기까지 약 20일이 소요된다.

답변서 제출 여부에 따라 1차적인 제재가 결정되는데 약 45일이, 합의가 이루어지지 않거나 항소 제기로 추가 절차가 진행될 경우 추가로 약 3개월이 소요되어 도핑 결과가 일반공개되기까지 길게는 5개월 정도가 소요된다.

도핑방지규정은 경기가 진행되는 조건을 다스리는 경기 원칙이다. 경기에 참가하고 싶다면 경기 규칙을 따라야 하듯 선수와 관계자는 도핑방지규정을 따라야 한다. 하지만 결과에 동의하지 않을 경우 항소를 제기할 수 있는 것도 선수의 권리이다. 실제로 항소를 통해 결과가 바뀌는 경우도 있다. 도핑방지규정을 위반하지 않는 것이 가장 좋지만 만약의 사태를 대비해 결과관리 절차를 잘 이해해두는 것이 필요하다.

제재 종류와 기준

도핑방지규정 위반에 대한 제재는 세 가지로 구분할 수 있으며 이는 일반경기에서의 반칙행위보다 엄격하다.

첫 번째 제재는 경기결과의 실효이다. 특정 경기에서 선수가 받은 성적을 무효처리하는 것으로 성적으로 받은 메달과 상금 같은 부상과 점수 등을 박탈하는 조치이다. 실제로 국제경기 당시에 메달을 땄으나 도핑이 밝혀져 메달을 박탈당하는 경우도 있다.

두 번째는 자격정지이다. 선수 또는 관계자에 대해 일정 기간 동안 경기 출전을 금지하고 기타 활동이나 자금을 지원받는 행위들을 일체 금지하는 조치이다.

세 번째는 일반 공개로 도핑방지규정 위반 사실과 그에 따른 결과를 일반 대중에게 공개하는 조치이다. 기사나 뉴스 등 매체에서 "OO선수 도핑 양성… O개월 자격정지", "OO선수 도핑 적발로 메

결과관리 절차

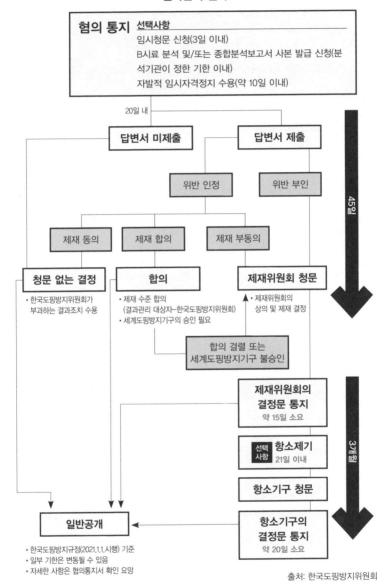

출처: 한국도핑방지위원회

달 박탈" 등의 타이틀로 보도되는 것도 이 일반공개 조치로 가능한
것이다.

도핑방지규정 위반에 대한 제재는 선수가 어떤 유형의 규정을
위반했는지, 어떤 약물을 투약했는지, 해당 사건의 정황과 선수의
규정 위반 횟수 등에 따라 결정된다.

첫 번째로 살펴볼 것은 규정 위반 유형이다. 도핑방지규정에서
는 금지약물 사용 및 보유, 시료채취 거부, 소재지정보 불이행 등 11
가지 상황과 행위를 규정 위반으로 보고 있으며, 어떤 유형을 위반
했는지에 따라 제재 기준을 다르게 부과한다.

두 번째는 약물 유형이다. 약물 유형은 약물의 특성과 금지 시기
로 구분된다. 먼저 약물의 특성을 보면 '특정약물'과 '비특정약물'
로 구분되며 특정약물은 경기력 향상 이외의 목적으로 사용될 가
능성이 커 비특정약물에 비해 규정이 완화될 수 있다. 그리고 금지
시기에 따라 '경기기간 중'과 '경기기간 외' 금지약물로 구분되기도
한다.

세 번째는 사건 정황이다. 선수가 고의로 규정을 위반한 것인지,
선수의 과실은 어느 정도 있는지 등 사건이 발생했을 때의 정황을
고려하려 제재가 결정된다. 기본적으로 자격정지 기간은 도핑방지
규정 위반 유형에 따라 산정되나 선수의 고의성 또는 과실 없음이
입증될 경우 자격정지 기간 산정 이후 기간이 면제되거나 감경될

수 있다.

네 번째는 규정 위반 횟수이다. 현재 개인에 대한 규정 위반 횟수를 총 3회로 정하여 제재 기준을 다르게 규정하고 있다. 위반 횟수가 쌓일수록 엄격한 제재를 부과하고 있으며 규정을 세 번째 위반할 경우 영구 자격정지를 부과하고 있다.

도핑방지규정이나 규정 위반에 따른 제재가 복잡하게 느껴질 수 있으나 선수라면 도핑방지규정 위반에 대해 보다 정확하게 알고 이해해야 하며 어떠한 경우에도 도핑방지규정을 위반하지 않도록 노력해야 한다.

도핑방지규정 위반 유형별 자격정지기간
첫 번째 도핑방지규정 위반

도핑방지규정 위반 유형		기본 자격정지 기간
제13조 제1호	선수 시료에서 금지약물, 그 대사물질 또는 표지자가 존재하는 경우	2년 또는 4년
제13조 제2호	선수가 금지약물 또는 금지방법을 사용 또는 사용 시도하는 경우	2년 또는 4년
제13조 제3호	선수가 시료채취를 회피 또는 거부하거나 시료채취에 실패하는 경우	2년 또는 4년
제13조 제4호	선수의 소재지정보 불이행이 발생하는 경우	2년
제13조 제5호	선수 또는 기타 관계자가 도핑관리 과정 중 부정행위를 하거나 부정행위를 시도하는 경우	2년 또는 4년
제13조 제6호	선수 또는 선수지원요원이 금지약물 또는 금지방법을 보유하는 경우	2년 또는 4년
제13조 제7호	선수 또는 기타 관계자가 금지약물 또는 금지방법을 부정거래하거나 부정거래를 시도하는 경우	4년~영구
제13조 제8호	선수 또는 기타 관계자가 경기기간 중에 있는 선수에게 경기기간 중 금지약물 또는 금지방법을 투여하거나 투여를 시도하는 경우, 또는 경기기간 외에 있는 선수에게 경기기간 외 금지약물 또는 금지방법을 투여하거나 투여를 시도하는 경우	4년~영구
제13조 제9호	선수 또는 기타 관계자의 공모 또는 공모 시도	2년~영구
제13조 제10호	선수 또는 기타 관계자가 특정 대상자와 연루되는 행위	1~2년
제13조 제11호	선수 또는 기타 관계자가 관련 당국에 제보하는 것을 제지하거나 보복하는 행위	2년~영구
제3항 제1호	남용약물을 경기기간 외에 섭취 또는 사용하였고 종목의 경기력과 무관했음을 증명할 경우	3년

두 번째 도핑방지규정 위반

아래 기간 중 상대적으로 긴 기간
• 6개월 • 첫 번째 도핑방지규정 위반에 대하여 부과된 자격정지지간에 두 번째 도핑방지규정 위반이 첫 번째 위반이었다면 적용되는 자격정지기간을 합산한 기간 • 두 번째 도핑방지규정을 첫 번째 위반으로 가정할 경우 적용되는 자격정지기간의 두 배

세 번째 도핑방지규정 위반

아래 기간 중 상대적으로 긴 기간
• 영구 자격정지

출처: 한국도핑방지위원회

영원한 비밀은 없다

"역도 여제 장미란 선수가 4년 만에 동메달을 되찾았습니다."

2012 런던 올림픽에서 4위를 차지했던 '역도 여제' 장미란 선수가 4년이 지나서야 동메달을 받게 됐다. 런던 올림픽 당시 3위를 기록했던 아르메니아 선수의 시료에서 도핑 양성 반응이 나온 것이다. 국제역도연맹은 런던 올림픽에서 채취한 시료를 재조사한 결과 11명의 시료에서 금지약물 양성반응이 나왔으며 그중 6명은 메달리스트라고 밝혀 충격을 안겼다.

동메달이 비로소 제 주인을 찾아갈 수 있었던 배경에는 도핑을 막기 위한 끝없는 노력이 있다. 세계도핑방지기구를 비롯해 각 나라의 도핑방지위원회는 세계도핑방지기구의 인증을 받은 분석기관에서 도핑검사를 진행하며 선수로부터 채취한 시료들은 10년 이상 장기 보관하며 계속 발전하는 시료 분석 기법을 적용해 재조사하는 방식으로 도핑을 방지하려는 노력을 기울이고 있다. 대회 기간에 이루어지는 도핑검사를 피했다고 끝이 아닌 것이다.

참고로 세계도핑방지기구의 인증을 받은 분석기관을 보유한 나라는 한국을 비롯해 호주, 오스트리아, 벨기에, 브라질, 캐나다, 중국, 쿠바, 핀란드, 프랑스, 독일, 영국, 인도, 이탈리아, 일본, 노르웨이, 폴란드, 남아프리카 공화국, 루마니아, 스페인, 스웨덴, 스위스, 태국, 터키, 미국 등이다. 많은 나라들이 끊임없이 도핑에 대한 연구를 이어가고 있는 만큼 도핑검사 기술도 발전하고 있다.

　뒤늦은 동메달 획득 소식이 전해진 이후 장미란 선수는 한 TV 프로프램에 출연해 간절히 원했던 동메달을 받을 수 있어 좋았고, 한편으로는 많은 선수들이 약물에 노출이 됐구나 하는 아쉬움이 컸다며 정정당당하게 준비하고 경쟁했던 선수들이 영광의 자리에 서지 못한 게 너무 아쉬웠다고 속마음을 털어 놓았다. 그러면서 후배인 임정화 선수 역시 2008 베이징 하계올림픽 때 4위였는데 나중에 은메달로 승격이 됐다며 시상대에 오르지 못한 후배를 향한 안타까운 마음을 털어놓기도 했다.

　사실 장미란 선수가 도핑과 엮인 건 이때가 처음은 아니다. 장미란 선수가 세계기록을 달성하며 금메달을 목에 걸었던 2008 베이징 올림픽에서 함께 시상대에 올랐던 2위와 3위 선수가 모두 약물을 투여했다는 사실이 밝혀지며 메달을 박탈당하기도 했다.

　이 사실이 밝혀진 이후 장미란 선수가 도핑을 한 선수들보다 좋은 성적을 내고 1위를 차지했다며 한 차례 더 이슈가 되기도 했다. 임정화 선수가 4위로 시상대에 서지 못했던 것도 이 대회이다.

　도핑이라는 그릇된 욕망의 선택은 비단 선수 자신뿐만 아니라 자신이 대표했던 국가, 그리고 함께 경쟁했던 선수들의 삶에 어떤 형태로든 영향을 미친다. 약물을 투여한 상태로 얻은 기록이 정말 자신의 기록이라고 할 수 있을까. 그 기록으로 얻은 메달이, 올라선 시상대가 정말 자신의 것이라고 할 수 있을까. 그토록 바랬던 메달의 가치를, 시상대의 빛을 누가 떨어트리고 있는지 다시 한 번 돌아봐야 한다.

앞으로도 도핑검사 기술은 더욱 발전할 것이며 메달을 본래의 주인에게 돌려주기 위한 활동은 계속될 것이다. 그리고 이러한 노력이 이루어지는 한 영원한 비밀은 없다.

도핑검사관이 말하는
도핑검사관 이야기
– 이 건

"도핑검사관은 선수들이 흘린 공정한 땀의 가치
를 증명해 주는 사람입니다."

1
간단한 자기소개를 부탁드립니다.

저는 주한 미 공군 오산기지소방서 선임소방검열관이자 한국도
핑방지위원회 소속 도핑검사관 이건입니다. 올해 28년차 소방관이
자 8년차 도핑검사관이네요.

2/ 도핑검사관이 된 계기는 무엇인가요?

2013년도부터 3년 동안 도핑관리실에서 자원봉사자로 근무했던 경험이 컸습니다. 도핑검사라는 영역이 제가 본업으로 하고 있는 소방검사와도 성격이 매우 비슷해서 이 업무에 호감을 갖게 되었습니다. 또 함께 일했던 도핑검사관들이 도핑검사관을 해 보라며 적극 추천해 주시기도 했습니다. 그래서 2016년도에 도핑검사관 모집에 응시해서 합격하고 현재까지 검사관으로 근무하고 있습니다.

3/ 지금까지 참여하셨던 대회와 업무를 소개해주세요.

2013년 인천 아시아실내무도대회에서는 볼링장에서 근무했었습니다. 도핑관리실 통역을 담당했고요. 2014년 인천 아시안게임과 2015년 광주 하계유니버시아드대회에서는 샤프롱으로 일했습니다.

2016년 정식으로 도핑검사관이 된 이후에는 2018 평창 동계올림픽 슬라이딩센터(루지, 봅슬레이, 스켈레톤)에서 도핑관리실 매니저로 근무했고요. 2020 도쿄 하계올림픽, 2022 베이징 동계올림픽, 그리고 베트남 하노이와 캄보디아 프놈펜 동남아시아대회에서도 도핑검사관으로 활동했습니다.

동남아시아대회, 아시안게임, 그리고 올림픽과 같은 큰 국제경기에서 대한민국을 대표하는 도핑검사관으로 참여한 것에 대해서 매우 영광으로 생각하고 있습니다.

4 / 평창 동계올림픽에서의 하루 일과는 어땠는지 궁금합니다.

슬라이딩센터에서 도핑관리실을 총괄하는 책임자였기 때문에 당일 경기 상황에 맞춰 도핑관리실 비품과 필요한 인력을 챙기는 것으로 하루를 시작했습니다. 보통 도핑검사관들이 오후에 출근한다면 저는 오전에 일찍 도핑관리실에 도착해서 도핑관리실을 점검하고 당일 검사에 필요한 서류, 검사용품, 그리고 선수들이 마실 생수 등을 확인하고 부족한 물품이 있다면 본부에 추가 요청을 했습니다.

오후에 도핑검사관들과 자원봉사자들이 출근하면 하루 일정을 안내하고 간단한 교육을 한 뒤 출전선수 명단을 받아 적합한 샤프롱을 배치했죠. 동계올림픽의 경우 보통 저녁(6~7시) 시간에 시작하는 경기가 많아서 새벽 1시가 되어서야 업무를 마치곤 했습니다. 이 스케줄이 올림픽 기간 내내 반복됐어요.

5 / 도핑검사관으로 활동하면서 기억에 남는 경험이 있나요?

2020 도쿄 하계올림픽과 2022 베이징 동계올림픽에 참가할 당

시에는 코로나19가 매우 심각한 상황이었어요. 호텔과 경기장 만을 오고 갈 수 있었죠. 이동수단도 조직위에서 제공한 전용차량으로만 움직였습니다. 매일 도쿄에서 요코하마까지 비싼 전용 택시로 출퇴근을 했기 때문에 난생 처음으로 '도쿄 플렉스'를 해 보기도 했습니다. 거의 하루 택시비만 30만 원 이상 나왔던 것 같아요. 일과 이후에는 외출이 자유롭지 못했고 매일 한 번씩 받아야 하는 코로나19 검사도 곤혹스러웠습니다.

또 하나의 에피소드가 있다면 도쿄 하계올림픽에서 한 외국인 선수와 도핑검사를 한국어로 진행했던 기억이 납니다. 선수에게 영어로 통지하고 검사를 진행하려고 하는데 검사대상 선수가 제가 한국에서 온 것을 알고 유창한 한국어를 구사하는 거예요. 어떻게 한국어를 잘 하는지 물어보니 한국에서 오랜 시간 체류하는 동안 한국 선수들과 함께 운동하면서 배웠다고 하더라고요. 올림픽에서 외국인 선수와 한국어로 검사를 진행했던 재미있는 기억입니다.

6

도핑검사관이 되고 싶은 사람들이 갖추어야 할 가치관 혹은 업무 능력이 있다면 말씀해 주세요.

우선 "깨끗하고 공정한 스포츠를 지향한다"는 도핑검사관의 임무를 잘 알고 있어야 합니다. 생각하지도 못한 돌발 상황에서도 국제 기준에 맞게 도핑검사를 진행할 수 있는 민첩성과 프로의식도 필요합니다. 국제 경기에서는 다른 나라 도핑 검사관들과 함께 일하는 경우도 많아서 다른 나라의 문화에 대한 이해와 존중, 그리고 함께 일하는 동료들과 소통하고 협력할 수 있는 팀워크와 원활하게 업무를 수행할 수 있는 영어 능력도 요구됩니다.

2024 강원 동계청소년올림픽

2020 도쿄 하계올림픽

2022 베이징 동계올림픽

SPORTS

Chapter 3.

도핑검사의 종류

SPORTS & DOPING

08
도핑검사

도핑검사관으로 활동하다 보면 정말 다양한 일을 경험한다. 도핑관리실이 제대로 마련되지 않은 대회도 있고, 국제대회의 경우 다른 나라의 도핑검사관들과 함께 일하기 때문에 언어나 문화적 차이로 인한 고충을 겪기도 한다. 또 낯선 종목을 배정받을 경우 선수를 찾는데 애를 먹기도 하고 선임도핑검사관으로 배정받으면 더 많은 요소들을 고려해야 한다. 하지만 도핑검사를 관리하는 것이 도핑검사관의 임무이기 때문에 어떤 상황을 마주해도 침착하게 대응할 수 있는 도핑검사 과정에 대한 기본적인 이해가 중요하다.

도핑검사에 대한 이야기를 시작하기 전에 도핑검사에 관한 정보를 되짚어보자. 우선 도핑검사에 대한 권한은 국가도핑방지기구(NADO), 국제경기연맹(IF), 국제올림픽위원회(IOC), 국제패럴림픽위원회(IPC)를 비롯한 주요 국제경기대회 주관단체가 갖는다. 이들의 중심에 있는 세계도핑방지기구는 도핑검사를 직접 수행하는 기관은 아니지만 예외적인 상황이 발생했을 때 책임자의 지시에 따라 다른 도핑방지기구와 협력하여 검사를 진행할 수 있다.

각 기구들은 종목별로 도핑을 통해 얻을 수 있는 보상과 도핑 이력, 경기 스케줄 등 다양한 정보를 수집하고 도핑의 위험도에 따라 우선 순위를 정해 검사를 배분한다. 이들 중 한국도핑방지위원회의 도핑검사 진행 과정을 따라가보자.

검사는 기본적으로 세계도핑방지기구의 「검사 및 조사 국제표준」 및 가이드라인을 준수하여 시행하며 도핑검사는 검사 시기에 따라 경기기간 중 검사와 경기기간 외 검사로 나뉜다.

경기기간 중 도핑검사는 일반적으로 선수가 참가하기로 예정된 경기의 전일 오후 11시 59분부터 해당 경기 및 그 경기에 관련된 시료채취절차가 끝나는 시점까지의 기간을 의미한다. 경기기간 외 검사는 경기기간 중이 아닌 모든 기간의 검사를 의미한다.

검사는 시료 종류에 따라 소변검사, 혈액검사로 나뉘며 최근 건조혈반검사도 시행되고 있다. 도핑검사는 10단계로 이루어진다.

먼저 다양한 요소를 고려하여 도핑검사를 계획하는 것이 1단계이다. 도핑검사 계획이 잡히면 2단계로 도핑검사관이 배정된다. 도핑검사관은 한국도핑방지위원회의 인증을 받은 도핑검사관만이 배정되며 선수의 성별을 고려하여 배정한다. 도핑검사관이 배정되면 3단계로 검사받을 대상자를 선정한다. 대상자는 무작위 선정, 순위별 선정, 표적 선정 세 가지 방식으로 이루어지며 도핑검사관은 선정된 대상에 맞추어 세부적인 검사 계획을 수립한다.

본격적인 움직임은 이제부터 시작이다. 도핑검사관 또는 샤프롱은 선수를 찾아 움직인다. 선수를 찾아 도핑검사 대상이 되었음을 통지하고 도핑관리실까지 동행하는 것이 4단계이다. 이때 도핑검사관은 선수가 도핑검사 대상자로 갖게 되는 권리와 의무를 설명해주며 선수가 도핑검사를 거부하거나 회피하는 등 잠재적 비준수 상황이 발생했을 시 즉시 선임도핑검사관에게 보고해야 한다.

선수가 무사히 도핑검사실에 도착했다면 5단계 시료채취가 이루어진다. 이 과정에서 소변과 혈액 중 어떤 걸 시료로 채취하느냐에 따라 차이가 있다. 이번 장에서는 소변시료에 관한 검사 과정을 예로 들어 이어가 보자. 시료채취는 검사 대상자와 같은 성별의 검사관이 시료제공 과정에 입회하도록 되어 있으며 시료채취용기(Vessel) 선정부터 채취를 마감하기까지 부정행위가 일어나지 않도록 확인한다.

시료채취가 완료되었다면 6단계로 도핑검사 관련 정보를 종이서식에 작성하거나 태블릿에 입력해야 한다. 선수 개인정보 및 시료분석 정보를 작성하고, 최근 7일 이내 복용한 의약품 등의 정보를 확인한다.

채취된 시료는 세계도핑방지기구의 인증을 받은 분석기관으로 운송된다. 이 과정이 7단계 시료운송이다. 운송 과정에서도 오염의 여지가 있어 시료운송 과정의 서류작성 및 훼손의 흔적이 남는 봉인 장치를 활용하여 완전성이 확보되도록 시료를 운송한다. 시료운송이 완료되면 세계도핑방지기구의 분석기관 국제표준에 따라 8단계인 시료분석이 실시된다.

9단계는 결과관리로 치료목적사용면책의 승인 여부를 확인하고 도핑에 적발된 선수에게 진술 기회를 주거나 제재를 받아들이지 못하는 선수들은 항소를 진행한다. 마지막 10단계로 채취된 시료는 최대 10년 동안 장기보관되며 시료채취 당시 기술로는 분석할 수 없는 의심시료를 장기보관하여 추후에 재분석한다.

소변시료 도핑검사 프로세스

❶ 도핑검사 계획

* 연 단위의 도핑검사 배분계획 수집
– 검사시기별 구분: 경기기간 중 검사/경기기간 외 검사
– 시료유형별 구분: 소변검사/혈액검사
* WADA 규약, 「검사 및 조사 국제표준」 및 가이드라인 준수하여 세부종목별 전략적 및 효율적인 도핑검사배분 계획 수립 및 시행

❷ 검사관 배정

* 한국도핑방지위원회 인증 검사관
* 선수 성별 고려하여 배정

❸ 대상자 선정

*무작위/등위/표적 선정

❹ 선수 통지 및 동반

*검사관(샤프롱)의 도핑검사 통지 및 동반
*선수의 권리와 의무 설명
*선수의 도핑검사 거부, 회피 등 '잠재적 비준수' 발생 시 즉시 선임검사관에게 보고

❺ 시료제공 입회

*동성의 검사관이 시료제공 과정 입회
*시료제공 과정상의 부정행위 등을 확인

❻ 도핑검사 서류작성

*선수 개인정보 및 시료분석 정보 작성
*최근 7일 이내 복용한 의약품 등의 정보 작성
*연구 목적 사용의 동의 등

❼ 시료운송

세계도핑방지기구 인증 분석기관으로 시료운송
시료운송 과정의 서류작성 및 훼손의 흔적이 남는 기록 장치를 활용하여 완전성이 보존되도록 시료운송 실시

❽ 시료분석

세계도핑방지기구 「실험실 국제표준」에 따라 시료분석 실시

❾ 결과 관리

*국제표준의 이탈 여부 및 치료목적사용면책(TUE) 승인 여부 확인
*선수 및 선수지원요원에게 진술 기회 부여 등 청문위원회 개최
*제재결정 불복 시 한국도핑방지 항소위원회 및 스포츠 중재재판소 항소

❿ 시료장기보관

*시료채취 당시 기술로 분석할 수 없는 의심시료를 장기 보관하여 추후 재분석
*시료보관 최대기간: 10년

출처: 한국도핑방지위원회

09
소변검사와
혈액검사

배구선수 김연경이 자신의 유튜브 채널에서 도핑검사에 관한 경험을 밝혔다. 영상에서 김연경은 전라남도 무안에서 개최된 세계 도핑방지의 날 기념행사에 참가해 "많은 선수들이 좋은 얘기들을 듣고 도핑에 대해 깊게 생각하고 많은 걸 배우고 돌아가셨으면 좋겠다."고 이야기했다.

또한 개인적으로 진행한 인터뷰에서는 2010 광저우 아시안게임에서 겪은 도핑검사 이야기를 풀어놓았다. "원래는 그렇게까지 안 하는데 거기는 바지를 벗고 티셔츠를 위로 올리고 한 바퀴 돌라고 했다. 그래서 저도 조금 당황했었다."라고 운을 뗀 김연경은 "도핑검사를 하면 도핑검사관분들의 말을 들어야 한다. 그분이 하라는 대로 하지 않으면 혹시나 저에게 불이익이 있을지도 모른다."고도 덧붙였다.

일반인은 절대 모르는 운동선수 도핑검사 방법이라는 제목을 달고 올라온 영상이니만큼 큰 이슈가 되었다. 또 일본은 선수의 몸에서 소변이 나오는 것까지 보는 경우도 있다더라거나 이전에는 소변검사를 위해 맥주까지 준비되어 있었으나 맥주가 소변을 변화시킬 수 있다고 해서 요즘에는 물이나 이온음료가 있다는 등 다양한 이야기를 담고 있다.

핵심이 된 도핑검사 이야기는 도핑검사 10단계 중 5단계 시료제공 과정에서 벌어진 일이다. 많이 알려진 소변시료를 통한 검사는 실제로도 가장 일반적으로 시행되고 있다. 소변검사의 목적은 적혈구생성자극인자(EPO), 성장호르몬방출인자(GRHF) 등을 분석하는 것으로 분석 목적에 따라 혈액검사와 구분하여 시행하고, 혈액시료를 통한 검사는 성장호르몬(hGH), 적혈구생성인자 수용기작용제(ERAs), 수혈(BT) 등을 분석할 목적으로 시행되고 있다. 소변과 혈액 중 어떤 시료를 제공할지는 선수가 선택할 수 없지만 두 가지 검사의 목적이 어떻게 다르며 어떤 과정으로 진행되는지 알아두는 것이 좋다.

소변검사

소변시료를 통한 도핑검사는 검사 대상인 선수와 동성의 도핑검사관이 함께 화장실로 이동해서 선수가 직접 선택한 소변채취용

기(Vessel)에 90ml 이상의 소변시료를 채취해 진행한다. 이때 도핑
검사관은 규정에 따라 선수의 소변이 선수의 몸에서 나오는 것을
직접 관찰해야 한다. 도핑검사를 처음 실시하는 선수나, 특히 미성
년자와 같은 어린 선수들은 누군가 보고 있는 상태에서 소변시료를
제공하는 과정이 대단히 어색하고 불편할 수 있다. 그래서 소변이
나오려는 느낌은 있는데 누군가 보고 있으니 잘 안되는 경우도 종
종 발생한다.

소변시료 채취 과정에서 선수의 부정행위를 방지하기 위해 속
옷과 하의는 무릎까지 내리고, 상의는 가슴까지 올리며, 만약 긴 티
셔츠를 입었다면 소매는 팔꿈치까지 올리게 해 소변시료를 제공하
는 동안 도핑검사관이 방해받지 않고 시료를 제공하는 모든 과정을
완벽하게 관찰할 수 있어야 한다. 선수들에게 이렇게까지 하는 이
유는 실제로 이 과정에서 소변을 바꿔치기 한다든지, 이물질을 소
변에 탄다든지 여러 가지 부정행위가 많이 발생하기 때문이다.

소변을 보는 모습을 타인에게 보이는 일이 흔치 않다 보니 이
부분이 특별한 이야깃거리가 되어 방송이나 매체에 많이 노출되기
도 했는데 소변시료를 통한 도핑검사에서 이는 한 부분에 지나지
않는다. 이외에 훨씬 많은 과정이 매우 꼼꼼하게 진행된다.

우선 소변은 선수에게 통지 후 첫 번째 소변을 시료로 채취한다.
때문에 선수의 몸에 유해물질이 묻어 씻어내야 하는 등의 예외적인

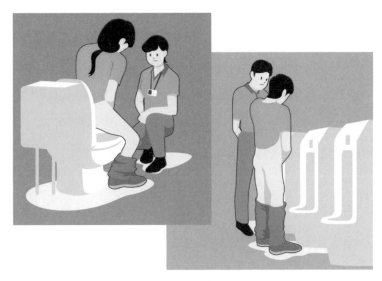

소변시료 채취 과정

상황을 제외하고는 도핑관리실 도착 전에 목욕이나 샤워 등의 행위
가 허용되지 않는다. 시료채취 때 선수가 선택할 수 있는 시료채취
용기는 3개 이상이어야 한다. 준비된 시료채취용기가 3개 미만이라
면 검사를 중단할 수 있는 사유가 된다. 또 일상에서는 손을 깨끗이
하기 위해 소변을 보기 전후로 비누 등을 사용해 손을 씻곤 하지만
도핑검사에서는 비누 등의 세정제가 시료를 오염시킬 수 있으므로
물로만 손을 깨끗이 씻도록 안내한다.

경험을 토대로 생각해보면 선수가 소변시료를 제공하기까지 대
개 한두 시간 정도가 소요된다. 하지만 시간은 상황마다 얼마든지
더 단축될 수도, 더 걸릴 수도 있다. 개인적으로는 7시간이 걸린 경

우도 있었다. 이럴 경우 선수는 당황하거나 혹은 도핑검사관에게 미안함을 표시하기도 하는데 도핑검사관은 선수가 최대한 편안한 마음으로 검사를 받을 수 있도록 친절하고 세심하게 배려해야 한다. 선수 또한 도핑검사도 훈련의 일부분이라고 생각하며 평상시 마인드 컨트롤을 통해 대비하고 적응해야 할 필요가 있다.

혈액검사

혈액검사는 건강검진을 받을 때도 필수적으로 진행하는 검사로 선수가 아닌 일반인도 한 번쯤은 경험해 보았을 것이다. 건강검진에서 혈액검사를 할 때 관련 자격증이 있는 전문가가 채취하듯 도핑검사에서 혈액시료를 채취할 때도 임상병리사 자격을 가진 혈액채취요원이 진행한다. 우선 본격적인 시료채취에 앞서 혈액채취요원은 다음 세 가지 질문을 반드시 해야 한다.

첫 번째, 선수가 정맥혈시료 채취 경험이 있는가?

두 번째, 혈액응고에 영향을 미칠 수 있는 약물을 복용한 적이 있는가?

세 번째, 출혈성 장애를 겪은 적이 있는가?

만약 선수가 정맥혈시료 채취 경험이 없다면 해당 혈액채취요원은 채취 절차를 설명하고, 두 번째와 세 번째 질문에 해당하는 정보를 받아 [도핑검사서]의 '약물복용 및 수혈신고'에 기록한다. 정맥혈시료의 경우 최근 3개월 내 수혈받은 사실 여부도 확인하며 도핑검사서 내 수혈 여부를 작성한다.

혈액 채취는 주사기에 의한 채혈이 아니라 진공시험관을 이용한 방법으로 주사바늘을 찌른 뒤 검체 용기 내 압력을 이용해 혈액이 담기는 방식으로 이루어지며 분석 종류에 따라 전혈분석과 혈청분석 두 가지로 나뉜다.

전혈검사는 선수생체수첩을 위한 분석과 수혈(BT), 적혈구생성인자 수용기 작용제(ERAs), 헤모글로빈기반 산소운반체(HBOCs)의 사용 여부를 분석하는 데 사용된다. 선수생체수첩은 현재 도핑 프로그램으로는 선수가 소량 또는 간헐적으로 약물을 복용하는 경우 위반 사례를 검출하기 어렵다는 맹점을 보완하기 위해 만든 프로그램으로 선수들의 신체 분석 결과를 추적하는 것이다. 정확한 결과를 위해 반드시 선수가 훈련 또는 경기대회 등의 신체활동을 종료하고 2시간이 지난 후에 시행하게 된다.

다음으로 혈청검사는 성장호르몬(GH), 적혈구생성인자 수용기 작용제(ERAs), 헤모글로빈기반 산소운반체(HBOCs)를 분석하는 데 사용된다. 이 중 외인성 성장호르몬 분석을 위한 정맥혈시료 채취의 경우 훈련 또는 경기대회 등의 신체활동을 종료하고 30분이 지난 후에 시행하게 된다.

간혹 진공혈액튜브의 색깔이 왜 다른지 묻는 선수들도 있는데 이는 분석대상에 따라 혈액검사의 종류가 다르기 때문이다. 전혈을 위한 진공혈액튜브는 보라색 뚜껑의 EDTA 튜브이며 튜브 내 항응고제가 도포되어 있고, 혈청을 위한 진공혈액튜브는 노란색 뚜껑의 SST 튜브이며 튜브 내 응고활성화인자가 도포되어 있다. 두 가지 모두 튜브 내 도포된 성분이 혈액과 잘 섞일 수 있도록 3회 이상 채취용기를 뒤집고 세우기를 반복한다. 그리고 혈청 분석을 위한 진공혈액튜브 SST의 경우 시료를 보냉장치나 냉장고에 보관하기 전에 실온에서 15분간 선수가 이를 지켜볼 수 있는 곳에 대기하도록 요청할 수 있으며, 선수가 대기를 원치 않을 경우 도핑검사관이 대신할 수 있다.

모든 정맥혈시료 제공 전에는 시료채취실에서 발을 바닥에 붙인 채 편안히 앉은 자세로 시료채취 전 의무 대기시간을 준수해 10분간 대기한 후에 채취를 진행한다. 시료채취는 주로 사용하지 않는 팔에서 하도록 되어 있다.

혈액 채취의 경우 바늘이 직접 몸에 들어가기 때문에 소독이 매우 중요하다. 채혈 전에는 꼭 소독솜으로 채혈 부위를 닦은 뒤 주사바늘을 삽입하기 전 피부가 건조된 것을 확인한 후 채혈을 진행한다. 필요에 따라 선수의 팔 위쪽에 지혈대를 채우며, 채혈이 시작되면 지혈대를 풀어야 한다. 지혈대 압박이 1분을 초과하지 않도록 주의한다. 또한 소변검사의 경우 통지 후 첫 번째 채취한 소변을 시료

키트에 내장된 2개의 병에 규정에 따라 나누어 담는다면, 혈액검사
는 혈액시료키트에 내장된 2개의 진공튜브를 이용해 채혈을 진행
한다. 첫 번째 시도에서 요구량의 시료를 채취하지 못한 경우 표준
절차에 따라 새로운 튜브와 바늘로 선수의 다른 신체 부위를 통해
두 번째 시도를 진행할 수 있다. 단, 해당 시료채취 과정에서 한 명
의 선수에게 시도할 수 있는 정맥채혈 횟수는 3회를 초과할 수 없
다. 이 과정은 모두 선수들이 볼 수 있게 공개되어야 한다.

　이렇게 채취한 혈액시료는 완전성과 안전성을 지키기 위해 적
정 온도가 유지되도록 잠금장치가 있는 냉장고 또는 보냉 가방 등
에 넣어 보관한다. 운송 시에도 온도기록계가 동봉된 상태로 보관
해야 하며 시료가 냉동 보관되어서는 안 된다.

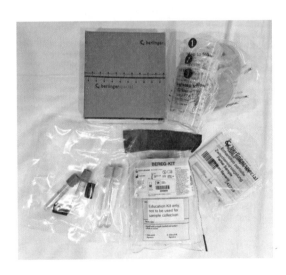

도핑검사 키트

10
건조혈반검사

2020 도쿄 하계올림픽. 코로나19로 인해 무관중으로 치러진 대회에서도 도핑을 적발하기 위한 노력은 이어졌다. 올림픽 최초로 건조혈반검사(DBS, Dried Blood Spot)가 시범 운영된 것이다. 건조혈반검사는 기존 도핑검사의 방법인 소변, 혈액검사의 부가적인 방법으로 선수의 손끝이나 위팔(상완)의 모세혈관에서 소량의 혈액만 채취하여 분석하는 방법이다.

채취 방법은 채취 위치에 따라 두 가지로 나뉜다. 첫 번째 방법은 손끝에서 채취하는 것으로 손끝 측면에 채혈침을 대고 지그시 눌러 혈액을 채취하면 된다. 여기서 손가락을 지나치게 쥐어짜는 행위는 용혈 또는 혈액을 희석시킬 수 있으므로 자제한다. 첫 혈액은 탈지면으로 닦아낸 후에 다시 혈액을 채취하여 시료카드에 한 방울씩 떨어뜨려 흡수시킨다. 이때 시료카드에 손이 닿지 않게 주의해야 한다. 혈액을 흡수시킨 시료카드는 밀봉한다.

두 번째 방법은 위팔(상완)을 통한 채취로 시료채취기를 이용하고 있어 알코올 솜으로 채취 부위를 잘 닦아낸 후 시료채취기를 부착하면 된다. 이후 치료채취기의 버튼을 2초간 누르고 손을 떼며 팔을 몸통에 붙이고 채취가 완전히 끝날 때까지 기다리면 된다. 채취된 혈액은 다른 시료와 동일하게 세계도핑방지기구가 인증한 분석기관에서 분석된다.

현재 건조혈반검사는 피부(모세혈관)에서 6~8방울 정도의 혈액만 채취하면 분석이 가능하다. 피부 아래 모세혈관에서 극소량의 혈액을 채취하므로 침습이 적고, 선수들이 소변시료나 정맥혈시료 채취보다 편안함을 느낀다. 또한 시료를 운송할 때 온도와 시간을 지켜야 하는 기존의 정맥혈검사와 달리 건조혈반검사는 직사광선만 피한다면 별다른 제약 조건이 없다. 시료의 크기가 작아 보관이 용이하다는 장점도 있다. 물론 바늘로 피부를 찌르기 때문에 부작용의 가능성은 낮지만 약간의 통증이 동반될 수 있다.

건조혈반검사는 여러 장점이 있지만 아직 시행 초기여서 검출 가능한 성분에 한계가 있어 기존검사를 대체하기에는 많은 시간이 필요해 보인다. 추후 보다 많은 데이터가 축적되고 검사기법도 발전되면 검출 가능한 성분의 범위도 넓어지고 더욱 정확한 검사를 할 수 있을 것으로 기대하고 있다.

건조혈반검사 절차

* 시료채취 절차를 시작하기 전에 손을 깨끗하게 씻는다.

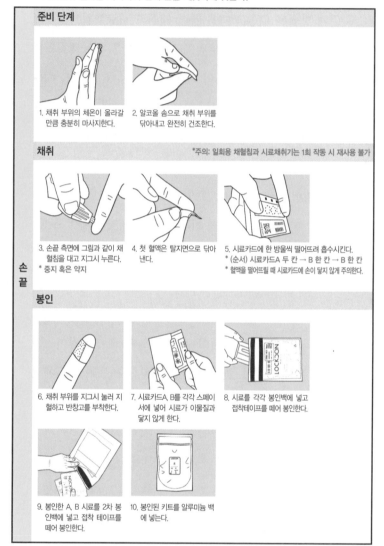

준비 단계

1. 채취 부위의 체온이 올라갈 만큼 충분히 마사지한다.

2. 알코올 솜으로 채취 부위를 닦아내고 완전히 건조한다.

채취　　　　　　　*주의: 일회용 채혈침과 시료채취기는 1회 작동 시 재사용 불가

손끝

3. 손끝 측면에 그림과 같이 채혈침을 대고 지그시 누른다.
   * 중지 혹은 약지

4. 첫 혈액은 탈지면으로 닦아낸다.

5. 시료카드에 한 방울씩 떨어뜨려 흡수시킨다.
   * (순서) 시료카드A 두 칸 → B 한 칸 → B 한 칸
   * 혈액을 떨어뜨릴 때 시료카드에 손이 닿지 않게 주의한다.

봉인

6. 채취 부위를 지그시 눌러 지혈하고 반창고를 부착한다.

7. 시료카드A, B를 각각 스페이서에 넣어 시료가 이물질과 닿지 않게 한다.

8. 시료를 각각 봉인백에 넣고 접착테이프를 떼어 봉인한다.

9. 봉인한 A, B 시료를 2차 봉인백에 넣고 접착 테이프를 떼어 봉인한다.

10. 봉인된 키트를 알루미늄 백에 넣는다.

* 시료채취 절차를 시작하기 전에 손을 깨끗하게 씻는다.

준비 단계

1. 채취 부위의 체온이 올라갈 만큼 충분히 마사지한다.
2. 알코올 솜으로 채취 부위를 닦아내고 완전히 건조한다.
3. 혈액채취요원이 시료채취기를 선수의 채취 부위에 부착한다.

채취 *주의: 시료채취기는 1회 작동 시 재사용 불가

4. 시료채취기의 버튼을 2초간 누르고 손을 뗍니다.
 * 버튼이 더 이상 들어가지 않을 때까지 한 번에 누른다.
5. 팔을 몸통에 붙이고 채취가 완전히 끝날 때까지 기다린다.
 * 4개의 원이 모두 끝까지 채워진 경우 혹은 버튼을 누른 후 5분이 지났을 경우

봉인

6. 채취 부위를 지그시 눌러 지혈하고 반창고를 부착한다.
7. 그림과 같이 보안키트를 개봉한다. 한 손으로 카트리지를 보안키트에 끼우고, 반대 손으로 시료채취기를 눌러 카트리지를 분리한다.
8. 카트리지를 그림과 같이 보안키트 하단에 놓는다. 카트리지의 투명 필름과 보안키트의 검정색 스펀지를 제거한다.

9. 보안키트에 봉인씰을 부착하고 알루미늄 백에 넣는다.
10. 알루미늄 백을 시료채취키트 상자에 넣고 접착테이프를 떼어내고 봉인한다.

위 팔

출처: 한국도핑방지위원회

피로 얼룩진 도핑

'암을 이겨낸 영웅', '투르 드 프랑스 7연승', '인간승리의 아이콘' 모두 사이클 선수 랜스 암스트롱을 수식하는 말이다. 랜스 암스트롱은 미국 국가대표로 발탁되어 활동하던 중 1996년 고환암을 판정받으며 선수 생활을 중단했다. 그러나 수술과 약물치료를 통해 기적처럼 완치에 성공했고, 1998년 선수로 복귀해 1999년부터 2005년까지 투르 드 프랑스에서 7연승을 거두며 사이클의 황제로 불리게 되었다. 2010년 그는 또 한번의 전환기를 겪는다. 그가 금지약물을 사용했다는 제보가 들어온 것이다. 미국도핑방지기구의 조사 결과 그는 금지약물뿐만 아니라 자가수혈 등의 금지 방법도 사용한 것이 알려지며 결국 몰락한 사이클의 황제가 되었다.

이 사건이 유명한 이유는 인간승리가 만든 대기록이라고 생각했던 것이 약물에 의한 것이었다는 반전 때문이기도 하지만 또 한

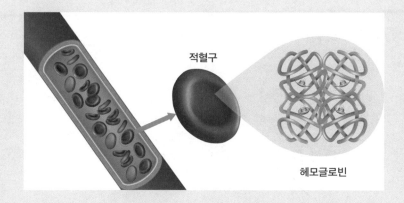

적혈구

헤모글로빈

가지 자가수혈, 즉 혈액도핑을 한 사례이기 때문이기도 하다.

혈액도핑 사례로 이 사건이 가장 유명하지만 사실 자가수혈 방법은 이보다 오래전부터 진행되고 있었다. 자가수혈 방법은 선수의 몸에서 일정량의 피를 뽑아 두었다가 약 4주 후에 다시 체내에 주입하는 것으로, 이 방법을 사용했을 때 선수의 지구력이 16~25% 정도 증가한 사실이 알려지면서 공공연하게 이루어지고 있던 것이다.

내 피를 뽑아서 다시 내 몸에 넣는 것일 뿐인데 어떻게 지구력이 상승하는 것일까. 그 이유를 알기 위해선 먼저 적혈구(RBC, Red Blood Cell)에 대해 알아야 한다. 적혈구의 대표적인 역할은 산소 운반이다. 적혈구 안에는 헤모글로빈이라는 성분이 들어 있으며 이 성분은 산소와 결합하여 산소를 운반하는 역할을 한다. 산소는 헤모글로빈과 만나면 피 속에 약 60~65배 더 많이 녹아들 수 있다. 이렇게 헤모글로빈과 결합한 산소는 온몸을 돌아다니다가 산소를 필

요로 하는 세포와 만나면 헤모글리빈에서 떨어져 나와 세포로 들어
간다.

운동을 하게 되면 우리 몸은 산소를 더 요구한다. 그리고 요구량
을 맞추기 위해 더 빨리 호흡한다. 하지만 운동을 했다고 적혈구의
양이 늘어나지는 않는다. 결국 몸은 원하는 산소의 양을 채우지 못
해 힘을 내지 못하게 된다.

반대로 산소 공급 능력이 뛰어나면 운동의 운영이 쉬워진다. 실
제로 마라톤 대회에서 선두를 지키는 선수들 중에는 아프리카 출신
이 많은데 이는 아프리카 선수 중에 고지대 출신이 많기 때문이다.
지면에서 높은 곳으로 올라갈수록 지구의 중력이 약해지고 공기의
밀도가 낮아진다. 때문에 높은 곳으로 올라갈수록 숨쉬기가 곤란해
지는데 고지대에서 생활을 해야 하는 사람들은 이 문제를 해결하기
위해 저지대에 사는 사람들보다 더 많은 적혈구를 가지고 있는 것
이다. 그리고 그 상태로 낮은 지대로 내려와 마라톤 경기를 하게 되
면 산소 공급이 원활해 유리해지는 것이다.

혈액도핑은 산소 공급을 위해 부적절한 방법으로 적혈구의 양
을 늘리는 것이다. 세계도핑방지기구는 혈액도핑 방법으로 수혈,
에리스로포이에틴(EPO, Erythropoietin), 인공산소운반체 세 가지 방
법이 있다고 보고 있다.

수혈은 혈액을 빼내고 적혈구 세포를 분리해 저장했다가 다시

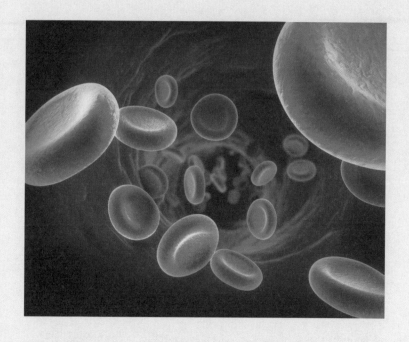

돌려놓는 방법이다. 신체는 3~4주 후에 제거된 적혈구 세포를 채우게 되고 그 기간이 좀 더 지난 후에 분리해 두었던 적혈구 세포를 다시 투여한다. 쉽게 말하면 혈액을 먼저 빼두고, 몸에서 다시 그만큼의 혈액이 생성되면 빼놓았던 혈액을 다시 몸에 집어넣는 것이다. 이렇게 하면 혈액 내 적혈구 세포와 헤모글로빈의 농도가 즉시 증가하면서 산소 공급능력이 향상되고 이에 따라 운동 능력도 증가하게 된다. 랜스 암스트롱이 사용한 방법으로 자신의 피를 재수혈하는 자가수혈과 타인의 피를 수혈하는 타인수혈 두 가지가 있으나 타인의 피를 수혈받을 경우 감염의 위험이 있어 자가수혈을 하는 경우가 많다.

에리스로포이에틴은 신장에서 분비되는 호르몬으로 적혈구 생성을 촉진한다. 에리스로포이에틴을 늘리는 약물을 만든 의도는 만성 신부전과 관련해 생길 수 있는 빈혈을 치료하는 것이었으나 신장질환을 돕기 위한 치료제가 도핑에 사용되고 있는 현실이다.

마지막으로 인공산소운반체는 과불화탄소(PFC), 헤모글로빈 기반 산소 운반체(HBOC) 등 혈액 내 산소 운반 능력을 늘리는 데 사용되는 화학 물질들을 말한다. 이 또한 사람의 혈액을 이용할 수 없거나 혈액 감염의 위험이 높을 때, 혈액 기증자와 수혈자의 혈액의 적합성을 시험하기에 시간이 촉박할 때 사용되었다. 그러나 한편에서 선수들이 산소 공급량을 인위적으로 늘리는 데 악용되고 있다.

혈액도핑은 즉각적으로 나타나는 심각한 부작용이 없다는 게 특징이기도 하다. 하지만 혈액은 적혈구 세포가 많을수록 점성을 띠는 특징이 있다. 자가수혈로 적혈구 세포가 많아지면 농도 또한 높아져서 혈액이 걸쭉해지고 적혈구가 과잉 생산되어 오히려 피를 흘려야 하는 진성적혈구증가증 등 일부 질병에서 문제가 될 수 있다. 또 걸쭉해진 혈액이 혈관에 쌓이면 혈액 공급에 문제가 생기고 심장마비나 뇌졸중으로 이어질 수 있다.

혈액도핑의 가장 큰 문제는 약을 복용하지 않으면서 적혈구의 수를 증가시킬 수 있어 적발이 어렵다는 점이다. 그래서 세계도핑방지기구는 2008년부터 선수생체수첩을 도입했다. 선수생체수첩은 선수들의 혈액과 소변시료를 수집해 프로필을 만드는 것으로 수치의 변화 흐름을 볼 수 있다. 특정 시점에서의 절댓값이 아닌 상대적인 변동치를 살펴봄으로써 수혈이나 적혈구생성을 유도하는 약물의 사용 여부를 판단하는 방법이다.

그동안 혈액도핑은 검출이 어렵다는 점을 악용한 선수들이 있었고, 앞으로도 있을지 모른다. 그들은 스포츠 정신을 외면한 채 혈액도핑을 활용했지만 결론적으로 그 안일한 생각은 더 촘촘한 도핑방지 그물망을 만들었다. 그동안은 약물검사를 통해 도핑을 추격했다면 이제는 선수생체수첩을 활용해 한 발 앞서 도핑을 적발할 수 있는 것이다. 도핑이 발전하는 동안 도핑방지도 발전하고 있다는 사실을 잊어선 안된다.

도핑검사관이 말하는
도핑검사관 이야기
- 강명신

"도핑검사관은 깨끗하고 공정한 경쟁을 만들어
가는 스포츠 보안관이라고 생각합니다."

1

간단한 자기소개를 부탁드립니다.

저는 분당제생병원 진단검사의학과에서 임상병리사로 근무하
며 한국도핑방지위원회 소속 도핑검사관으로 활동하고 있는 강명
신입니다. 올해 20년 차 임상병리사이면서 도핑검사관이 된지는
4년차 되고 있습니다. 또한 한국도핑방지위원회에서는 선임도핑
검사관, 도핑교육강사, 혈액채취요원으로 활동하고 또한 국제검

사기구의 국제도핑검사관으로도 활동하고 있습니다.

2
도핑검사관이 된 계기가 있다면?

종합병원에서 임상병리사로 20년 이상 근무하면서 제가 가지고 있는 자격증을 이용해서 어떤 새로운 도전을 할 수 있을까 고민하던 중이었습니다. 그때 스포츠 대축제인 2018년 평창 동계올림픽이 열렸습니다. 그곳에서 도핑검사 업무 중 혈액채취를 도와주었던 혈액채취요원들의 활약을 들었습니다. 도핑검사관에 대해 관심을 가지고 있던 중에 도핑검사관을 모집한다는 소식을 듣고 도전하였습니다. 그렇게 2018년 8월 도핑검사관 모집에 합격하여 현재까지 도핑검사관으로 활동하고 있습니다.

3
지금까지 참여하셨던 대회와 업무를 소개해주세요.

도핑검사관 업무를 시작하면서 국내에서 열리는 전국체육대회를 비롯해 다양한 종목별 대회와 프로스포츠에서 도핑검사 업무를 수행하고 있습니다. 특히 저는 혈액채취요원으로서 혈액을 채취하는 업무를 같이 하고 있습니다. 또한 검사대상명부 업무에 소속되면서 검사대상명부로 소속된 선수들의 자택이나 숙소를 불시에 찾아가 검사하는 업무를 하고 있으며 2023년에는 선임도핑검사관으로 발탁되어 도핑검사 업무를 전반적으로 책임지는 역할을 하고 있습니다.

2021년에는 도핑방지교육 전문강사로 선정되어 선수들과 스포츠관계자들에게 도핑교육 강의도 하고 있습니다.

4

도핑검사관으로 활동하면서 기억에 남는 경험이 있나요?

저는 도핑검사관이면서 혈액채취요원도 같이 하고 있어 도핑검사에서 혈액시료 채취를 같이 합니다. 혈액시료를 채취하다 보면 가끔씩 바늘을 무서워하는 바늘공포증을 가지고 있는 선수와 마주할 때가 있습니다. 그럼 경력 20년 차의 임상병리사로서 선수들을 진정시키면서 노련하게 선수들과 교감하며 검사를 진행했던 일도 있었습니다. 그리고 경기기간 중 검사에서 도핑검사는 경기가 끝나고 업무가 시작되기 때문에 가장 늦게 경기장을 나올 때가 있는데 시설을 관리하시는 분들이 아무도 없는 줄 알고 밖에서 문을 잠그고 가서 한참을 어두운 경기장에서 갇혀 있었던 일도 있었습니다.

또한 도핑검사를 하면서 가장 기억에 남는 순간은 가장 좋아하는 팀이 몇십 년 만에 우승하는 순간을 함께한 날입니다. 스포츠를 좋아하는 저에게 스포츠 선수를 만나고 선수들과 대화하는 기쁨은 도핑검사관으로 활동하면서 느낄 수 있는 또 다른 기쁨이 아닌가

싶습니다. 국가대표선수촌, 훈련센터 등 일반인이 쉽게 접근할 수 없는 곳에 방문해 검사를 진행하는 것도 도핑검사관이어서 경험할 수 있는 남다른 경험이라고 생각합니다.

5 / 도핑검사관이 되고 싶은 사람들이 갖추어야 할 가치관 혹은 업무 능력이 있다면 말씀해 주세요.

공정하고 깨끗한 스포츠를 위해 이바지한다는 마음으로 항상 선수들의 마음을 이해하고 배려하는 마음을 가지고 도핑검사 업무를 수행해야 합니다. 또 정확하고 올바른 검사가 될 수 있도록 규정과 규칙을 잘 숙지하고 늘 배우는 자세로 노력하는 마음이 있어야 할 것입니다. 저처럼 임상병리사로 혈액을 채취하는 업무를 병행한다면 혈액 채취에 자신감을 가지고 정확한 검사가 될 수 있도록 혈액시료를 채취하는 능력이 있어야 할 것입니다.

도핑방지교육 현장

검사실 현장 모습

SPORTS

Chapter 4.

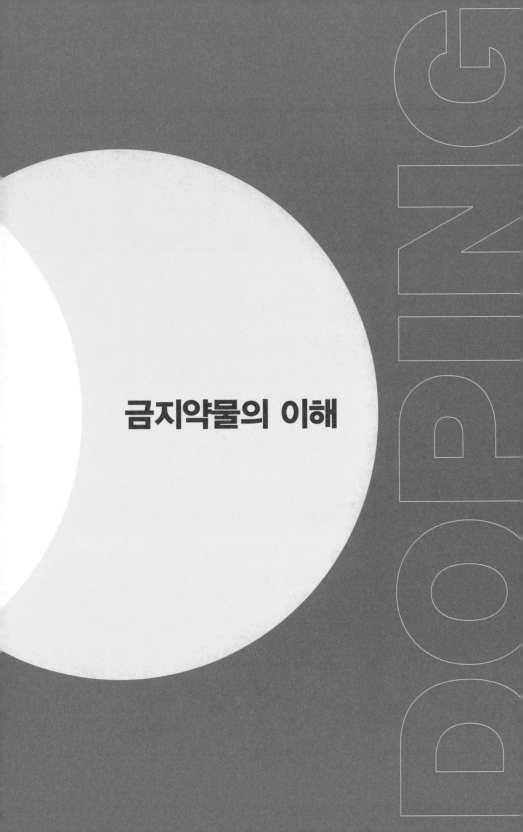

금지약물의 이해

SPORTS & DOPING

11
이 약 먹어도
되나요?

이제 선수들은 염증 치료를 할 때도 주의를 기울여야 한다. 2022년 세계도핑방지기구가 글루코코르티코이드를 금지목록 국제 표준 S9으로 분류하였기 때문이다. 정확히는 경기기간 중 주사로 투여하는 것이 금지되었다.

글루코코르티코이드는 강력한 항염증 작용을 하는 스테로이드 약물로 피부, 자가면역, 근골격계 질환을 치료하는 데 사용된다. 근육이나 관절에 만성염증을 달고 사는 운동선수들에게 널리 사용되며 경기기간 외에는 투여가 허용되고 경기기간 중에는 경구투약, 좌약, 근육주사, 정맥주사를 통한 투여가 금지되었다. 그러나 임상연구에서 국소주사 이후 경기력 향상의 가능성이 증명되며 2022년부터 경기기간 중 국소주사를 포함한 모든 경로의 주사 투여가 금지되었다. 글루코코르티코이드는 사용시기를 불문하고 경기기간 중 검사에서 검출되면 도핑방지규정 위반으로 간주될 수 있기 때문에 부득이하게 이 약물을 사용해야 할 때에는 각 투여경로에 따른 배출기간을 잘 따져봐야 한다.

그런 의미에서 선수에게 '이 약을 먹어도 될까'라는 질문은 꼭 필요한 질문이며 생각의 끝에 꼬리표처럼 따라붙어야 한다. 실제로 대한체육회 또는 대한장애인체육회, 프로스포츠 단체 등에 선수로 등록하게 되면 여러 가지 교육을 듣고 서류를 작성하게 되는데 그 중 한 가지가 바로 도핑방지 규정을 준수해야 한다는 내용의 서약서이다. 도핑을 하면 안된다는 것은 보편적으로 알려져 있는 상식이지만 스포츠가 직업인 선수들은 등록 과정에서 금지약물을 복용하거나 사용하면 도핑방지규정 위반으로 제재를 받는다는 사실을 한 번 더 인지하고, 약을 먹을 때는 그 약이 금지약물인지 엄밀히 따져보고 복용할 필요가 있다.

금지약물 검색서비스

한국도핑방지위원회는 금지약물 정보에 대한 접근성을 높이기 위해 홈페이지에서 금지약물 검색서비스를 운영하고 있다. 선수 또는 관계자들은 이를 통해 금지약물 여부를 간단하게 확인할 수 있다. 검색페이지에서는 선수, 지도자, 학부모 등 직종을 체크할 수 있으며 제품명 및 성분명 또는 업체명으로 검색할 수 있어 쉽게 정보

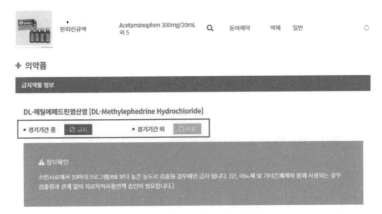

금지약물 검색서비스 검색 결과
제품별 상세 정보를 확인할 수 있으며 경기기간 중 복용 가능한 약물과 경기기간 외에
복용 가능한 약물로 구분되어 표시된다.

출처: 한국도핑방지위원회 금지약물 검색서비스

를 얻을 수 있다. 아스피린, 타이레놀 등 일반 약국에서 쉽게 구할 수 있는 약들도 무심코 넘기지 말고 꼭 해당 서비스를 통해 확인한 후에 약을 복용해야 하고 의사 처방이 있는 약도 선수 본인이 검색해서 확인한 후에 복용해야 한다.

금지약물 검색서비스에서 제품명 및 성분명 또는 업체명을 검색하면 해당 약이 경기기간 중 복용할 수 있는 약인지 경기기간 외에 복용이 가능한지 볼 수 있다.

참고로 한국도핑방지위원회의 금지약물 검색서비스는 국내 의약품에 대해서만 검색이 가능하다. 보충제의 경우 금지약물 포함 여부를 확인할 수 없다. 국내외 보충제의 경우에는 성분표기가 미흡한 경우가 있고 제조과정에서 교차오염이 있었는지 확인하기 어려운 위험성이 있으니 유의해서 사용해야 한다.

상황별 약물 복용 주의사항

세계도핑방지규약에서는 어떠한 금지약물도 자신의 체내로 유입되지 못하도록 하는 것은 선수 개인의 의무이며, 모든 결과에 대해서는 선수가 책임을 져야 한다는 책임의 원칙을 제시하고 있다. 그만큼 선수는 본인의 체내로 금지약물이 유입되지 않도록 각별히 주의를 기울여야 한다.

금지약물 검색서비스를 이용하면 클릭 한 번으로 편리하게 금지약물을 확인할 수 있지만 약물을 접하는 상황별로 주의해야 할 사항을 알아두면 금지약물을 복용할 확률을 더욱 낮출 수 있다. 금지약물 확인에 대한 중요성은 여러 번 강조해도 부족함이 없기에 다시 한번 강조하며 약물을 접하는 상황별로 주의해야 할 사항에 대해서도 이야기해보자.

첫 번째로 병·의원을 방문하여 진료를 받을 때는 본인이 운동선수임을 밝혀 언제든지 도핑검사를 받을 수 있는 대상자임을 명확히 해야 한다. 금지약물 국제표준은 매년 개정된다. 또 필요한 경우 수시로 개정될 수 있다. 선수와 마주한 의료진은 도핑 전문가가 아니므로 처방 약에 대해서는 선수 본인이 최종적으로 확인하는 더블 체크 과정이 필수이다.

두 번째로 약국에서 의약품을 구매할 때는 일반의약품에 대한 주의가 필요하다. 처방전 없이 구매할 수 있는 일반의약품에도 금지성분이 포함되어 있을 수 있기 때문이다. 또 처방전 없이 구매할 수 있다는 것은 의료진의 확인 단계가 생략되는 것과 같다. 일반의약품을 구매할 때는 약사에게 조언을 구하는 것이 좋으며 앞서 이야기한 금지약물 검색서비스에서 제품명으로도 검색이 가능하니 본인이 최종적으로 금지약물 여부를 확인하는 습관을 들이는 것이 좋다.

세 번째로 복용하는 약이 아닌 바르거나 붙이는 약을 사용할 때이다. 흔히 생각하는 근육주사, 정맥주사, 구강 투약 등의 방법 외에도 피부에 도포하는 연고 또는 붙이는 파스나 패치 등 약물이 체내에 유입될 수 있는 경로는 다양하다. 도핑은 체내에 금지약물이 '주입'되었느냐가 포인트이니 어떤 경로로든 금지약물이 체내에 주입되지 않도록 주의해야 한다.

네 번째는 그럼에도 불구하고 금지약물을 먹어야 할 때이다. 금지약물로 분류되어 있다고 무조건 먹지 말아야 하는 것은 아니다. 선수의 질병이나 부상 치료를 목적으로 할 때에는 치료목적사용면책제도를 이용해서 약물을 복용할 수 있다. 승인 기준은 건강상 심

각한 손상을 입은 경우, 건강 회복 외에 추가적인 경기력 향상 효과
가 없는 경우, 합당한 대체 치료가 없는 경우이며 이 세 가지가 모
두 해당되면 전문가로 구성된 치료목적사용면책위원회에서 심사
를 통해 복용할 수 있다. 경기기간 중 사용이 금지된 약물인 경우
30일 전에, 상시 금지약물인 경우는 사용 전 즉시 치료목적사용면
책을 신청해야 한다.

상황별 주의사항에 대해 이야기하다 보면 어떤 경우에 금지약
물을 처방받을 가능성이 높은지 묻는 사람도 있다. 고혈압, 당뇨, 면
역질환, 천식, 호흡기 감염(감기), ADHD, 수면장애, 근육 손상 혹은
통증 조절이 필요한 경우 등 다양한 경우에 금지약물이 사용될 가
능성이 있다.

선수라면 항상 본인이 사용하려는 약물이 금지된 약물은 아닐
지 금지된 성분이 들어 있지는 않은지 의심하고 또 의심하면서 약
을 먹어야 한다. 선수 시료에서 나온 금지약물에 대한 책임은 전적
으로 선수가 진다는 것을 절대 잊지 말아야 한다.

12
나도 모르게
스며든 도핑

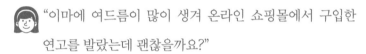 "이마에 여드름이 많이 생겨 온라인 쇼핑몰에서 구입한 연고를 발랐는데 괜찮을까요?"

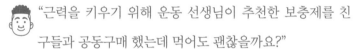 "근력을 키우기 위해 운동 선생님이 추천한 보충제를 친구들과 공동구매 했는데 먹어도 괜찮을까요?"

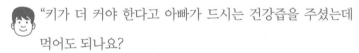 "키가 더 커야 한다고 아빠가 드시는 건강즙을 주셨는데 먹어도 되나요?

도핑검사 현장이나 도핑방지교육 현장을 돌아다니다 보면 가장 많이 받는 질문이 "이 약 먹어도 되나요?"이다. 선수들도 사람이다 보니 더 멋진 모습으로 경기하고 싶은 마음에 미용과 관련된 약품을 물어보기도 하고, 경기력 향상과 관련된 건강식품에 대해 물어보기도 하는데 어떤 마음인지 충분히 이해가 가면서도 SNS에서 알

게 된 방법을 사용하다 본인도 모르게 금지약물을 복용하는 경우도 있어 안타깝기도 하다.

앞에서 다룬 글루코코르티코이드도 선수들이 근육통을 완화하기 위해 흔히 사용하는 약물로, 덱사메타손, 트리암시놀론 등이 대표적이다. 주사뿐만 아니라 파스, 연고에도 함유되어 있어 선수들이 경기기간 중 무심코 사용했다가 경기기간 중에 이루어진 도핑검사에 양성 반응을 보여 도핑방지규정 위반으로 보고되는 사례도 빈번하게 발생하고 있다.

스마트폰 하나로 약 정보를 알 수 있게 된 건 좋으나 그만큼 금지약물을 접하기도 쉬워졌으니 선수 개인의 주의가 더욱 중요해졌다. '그냥 써도 되겠지'라는 마음에 대수롭지 않게 사용한 약물이

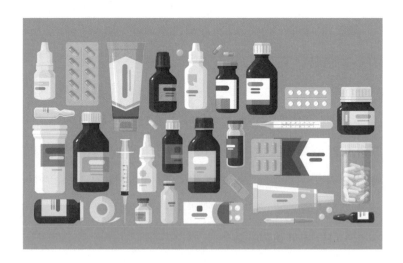

선수 생활의 위기가 되지 않도록 나도 모르게 사용하기 쉬운 약품
들을 알아보자.

고기를 먹었을 뿐인데

승마 선수인 D선수는 유럽 훈련 중 도핑검사를 받았고 그의 소
변시료에서 금지약물인 '클렌부테롤' 양성 반응이 나왔다. D선수는
금지약물에는 정말 손도 대지 않았다며 그래서 더 당당하게 검사받
았는데 금지성분이 나와 당황스럽다고 주장했다. 이에 조사한 결과
멕시코 훈련에서 2주간 먹은 '육류'가 원인이었다. 클렌부테롤은 가
축의 성장을 촉진시키는 효과가 있어 암암리에 사료첨가제로 사용
되고 있다.

실제로 멕시코에서는 오염된 육류로 인한 문제가 자주 발생하기
도 한다. 이 사례 역시 멕시코에서 같이 훈련받으며 식사했던 3명의
선수에게도 동일한 양성반응이 나오며 국제승마연맹은 전문가들과
확인에 들어갔다. 그리고 가능성은 낮지만 선수가 섭취한 멕시코산
육류에서 클렌부테롤이 나올 수 있다는 결과를 얻었고, D선수도 의
도하지 않았다고 판단하였다. 그러나 자격정지 해제가 아닌 1년 4개
월의 자격정지를 받았다. 안타깝지만 멕시코에서 클렌부테롤이 들
어간 오염된 육류가 많다는 것은 만연한 사실임에도 주의를 기울이
지 않았다는 것이 이유였다.

친구가 준 파스를 붙였을 뿐인데

E선수는 근육통에 친구가 건넨 파스를 몸에 붙였다가 금지약물이 검출되어 8개월의 자격정지를 받았다. E선수의 시료에서 검출된 금지약물은 부프레노르핀으로 경기기간 중 금지약물에 해당한다.

한국도핑방지위원회는 파스 1매를 부착하면서 금지약물이 체내에 유입된 것에 대해 고의성은 없다고 판단했으며 통증 완화를 목적으로 경기기간 외에 사용한 점을 고려해 상대적으로 낮은 징계인 8개월 자격정지를 부과했다. 운동을 하다 보면 근육통에 바르는 연고나 파스, 스프레이 등의 사용이 많은데 몸에 유입되는 모든 것을 조심해야 한다.

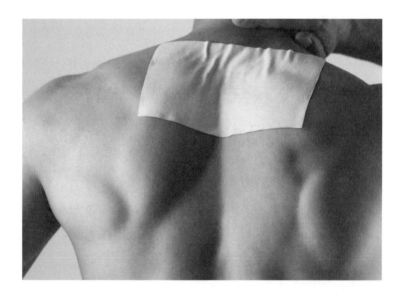

살을 빼고 싶었을 뿐인데

F선수는 도핑검사에서 금지약물인 '펜디메트라진'과 '펜메트라진' 성분이 검출됐다. 이에 열린 청문회에서 선수는 '한약을 먹었다'고 진술하였고 연맹은 한국도핑방지위원회 규정에 따라 6경기 출장 정지를 결정하며 일단락되는 듯했다. 하지만 이 소식을 들은 한의사협회는 선수에게서 검출된 금지약물은 한약과 전혀 상관이 없다고 반박하였고, 추가 조사를 통해 선수가 복용한 다이어트 약이 원인이었던 것으로 밝혀졌다.

다이어트 보조제 등 체중 조절 식품에 가장 많이 쓰이는 대표 금지약물로 클렌부테롤이 있다. 앞에서도 언급된 이 약물은 기초대사량을 증가시켜 체내 지방을 분해하는 효과가 있다. 하지만 심장비대, 간기능 이상, 두통 등의 부작용의 위험성이 크고 시중에 유통되는 다이어트 보조제 중 정확한 성분을 확인하기 어려운 약들도 있으니 약이 우리 몸에 독이 될 수 있다는 사실을 인지하고 복용해야 한다.

약물 이름을 헷갈렸을 뿐인데

G선수는 보충제인 크레아틴의 쓴맛을 줄이기 위해 평소 당분과 니코틴아미드(Nicotinamide)를 섞어서 섭취했는데, 국제대회 참가를 위해 출국했다가 현지 약국에서 포도당 파우더 '니케타마이드

(프랑스어: Nicotinamide, 영어: Nikethamide)'를 구매해 섭취하게 되었다. 니케타마이드는 흥분제로 금지약물에 해당된다.

G선수는 조사에서 자신이 직접 제품성분을 확인했다고 말했다. 포도당 파우더 성분인 니코틴아미드가 니케타마이드와 음운적으로 유사하며 '경기기간 중'이 아닌 '경기기간 외'에 복용했고 경기에서도 패배했기 때문에 해당 약물이 경기력에 긍정적 영향을 미치지 못했다고 주장했다. 그럼에도 불구하고 국제스포츠중재재판소는 선수에게 과실이 있다고 판단해 자격정지 4개월을 부과했다. 이 또한 선수가 부주의했다는 것이 이유였다.

여드름이 고민이었을 뿐인데

여드름이 고민이었던 H선수는 치료를 위해 한약을 먹었다가 도핑검사에서 금지약물이 검출되어 제재를 받았다. H선수는 3월 처음 병원을 방문해 1차 처방을 받았다. 의료진은 환자가 운동선수라는 점을 인지해 금지약물을 제외하고 처방해줬다. 문제는 2차 처방이었다. 당시 H선수는 부상을 입어 경기에 출전하지 않고 있었고, 이에 의료진은 경기에 나가지 않고 있으니 도핑검사도 받지 않을 거라 생각해 2차 처방에서 금지성분인 마황이 포함된 한약을 처방한 것이다. 마황에는 에페드린 성분이 있다. 이 성분은 기관지 근육을 이완시켜 호흡을 원활히 하고 항염증 효과가 있다. 또 교감신경을 흥분시켜 운동 능력을 상승시키는 요인이 되기도 해 금지약물로 분류하고 있다. 한국도핑방지위원회는 마황 외에도 마인, 호미카(마전자), 보두 등 총 15가지 한약재를 금지한다.

한약은 운동 후 전신 피로 회복과 근육통 완화에 도움이 되고 절개가 필요 없는 비침습적 치료를 바탕으로 하고 있어 스포츠의학계에서도 많은 관심을 받고 있다. 그만큼 연구가 활발히 진행 중이나 연구가 더 필요한 한약재들이 있다. 녹용 같은 경우에도 금지 성분이 있으나 가열하면 파괴되어 테스토스테론 수치 상승 사례가 없으며 혈중농도에도 영향이 거의 없다. 그래서 녹용은 중국, 대만, 홍콩 도핑금지약물에서 제외되었지만 일본은 주의 약물로 지정하고 있다. 한약에 대한 연구는 진행 중이지만 기본적으로 한약에도 금지성분이 포함되어 있을 수 있음을 인지하고 주의할 필요가 있다.

13
금지약물과
부작용

처음으로 돌아가 도핑의 역사를 떠올려 보자. 도핑과 도핑방지는 선수의 과욕이 부른 죽음에서 시작되었다. 과거에는 도핑방지규정도 지금만큼 세세하지 않았고, 도핑 자체의 위험성도 많이 알려지지 않았기 때문에 죽음에 이르는 일이 더 많았던 것으로 생각된다.

지금은 도핑방지규정이 체계화되어 적발 시 합당한 제재가 내려지고 그것이 도핑을 해서 받는 불이익의 전부인 것 같지만 깊이 생각해보면 진정한 벌은 선수 자신의 몸이 상한다는 것이다. 선수마다 체질도 건강 상태도 다르기 때문에 금지약물을 사용했을 때 나타나는 효과도 정의내릴 수 없다. 한 번의 도핑이 누군가에게는 큰 타격이 없을 수 있지만 누군가에게는 사망에 이르는 부작용으로 돌아올 수 있다. 금지약물과 부작용의 이해를 통해 경각심을 가져야 할 이유다.

세계도핑방지기구는 매년 9월 즈음 「금지목록 국제표준」을 발표하고 3개월의 유예기간을 거쳐 다음 해인 1월 1일부터 이를 시행하며 한국도핑방지위원회도 이 기준을 따르고 있다. 금지목록 국제표준은 금지약물을 상시 금지약물, 경기기간 중 금지약물, 특정 종목 금지약물로 나누고 있다.

또한 금지약물은 S, M, P를 붙여 구분하고 있다. S는 Substance의 약자로 약물이 아닌 성분을 넣은 도핑을 말한다. M은 Prohibited Methods로 금지방법을 의미하며 P는 Particular sports로 특정 종목을 뜻한다. 상시 금지약물로는 S0~5와 M1~3, 경기기간 중 금지약물로는 S6~9, 특정 종목 금지약물에는 P1이 있다.

상시 금지약물

금지약물의 종류와 부작용을 더 자세히 알아보자. 제일 먼저 S0은 비승인약물로 금지목록의 어떤 분류에도 포함되지 않으며 각 나라에서 치료를 위해 사용하도록 승인되지 않은 모든 약리적 물질을 뜻한다. 예시로 2022년 「금지목록 국제표준」에 추가된 약물인 'BPC-157'를 들 수 있다. BPC-157은 근육 등 신체 재생 과정에 도움을 준다고 알려져 보충제로 잘못 오남용되는 비승인 약물이다. 전 세계 어느 국가에서도 사람의 치료를 위한 사용을 승인하지 않았기 때문에 구입에 주의가 필요하다.

두 번째로 S1은 동화작용제(아나볼릭제제)로 인체 내의 동화작용에 도움을 주는 약물을 말한다. 우리가 흔히 '스테로이드'라고 부르는 약물이 여기 포함되며 근육 성장에 도움을 주기도 해 도핑에 많이 사용된 약물이다. 하지만 간질환과 심장질환의 위험 증가, 고혈압, 심할 경우 돌연사까지 엄청난 부작용이 뒤따를 수 있다. 또한 여성에게는 목소리의 남성화, 다모증, 남성에게는 전립선비대, 탈모 등이 발생할 수 있다.

세 번째로 S2는 펩티드호르몬, 성장인자, 관련 약물 및 유사체로 기억해야 할 키워드는 '호르몬'이다. 인체의 다양한 조절기능에 관여하여 경기력을 향상시킬 수 있는 각종 호르몬 및 관련 약물로 분류된다. 2022년에는 성장호르몬 유사제로 로나페그소마트로핀, 소마파시탄 등이 추가되었다. 이 약물들은 체내에서 장시간 약물을 방출하는 서방형 제제로 금지약물로 추가되었으며 신체의 특정 부분만 기형화되거나 관절이 악화될 수 있다는 부작용이 있다. 이 약물들 외에도 성장호르몬과 유사한 작용을 하는 약물은 금지되니 꼭 기억해두는 것이 좋다.

네 번째는 S3로 베타-2 작용제이다. 이는 교감신경의 베타수용체에 특이적으로 작용하는 약물로 기관지 확장에 효과적이다. 대표적으로 살부타몰, 포르모테롤이 있으며 이들은 천식치료용 흡입제로 사용되기도 한다. 한 번에 고용량을 사용할 경우 도핑검사에서 발생할 수 있는 적발 위험을 줄이기 위해 흡입의 예외적 허용 기준이 800mcg/12시간에서 600mcg/8시간으로 변경되었다. 치료를 목적으로 하는 경우 치료용량 내에서 사용은 허용되나 기준치 이상을 사용해야 할 경우 역시 치료목적사용면책 신청이 필요하다. 주요 부작용으로는 심계항진(두근거림), 두통, 부정맥 등이 있다.

다섯 번째는 S4로 호르몬 및 대사 변조제이다. 이들은 특정 호르몬의 체내 농도를 변화시킬 수 있으며 대표적인 약물로 인슐린과 아나스트로졸이 있다. 인슐린은 당뇨병 치료제로도 널리 사용되지만 저혈당 증상을 부작용으로 가지고 있어 심한 경우 사망에 이를 수도 있다.

여섯 번째는 S5로 이뇨제 및 기타 은폐제이다. 체내의 수분량을 조절하는 약물로 체급 조절이나 체중 감량 등에 남용된다. 이 약물들 또한 사망에 이를 수 있는 심각한 저혈압과 탈수증상, 근육경련 등의 부작용이 있다.

일곱 번째는 M1로 혈액조작이다. 자가수혈이나 타인수혈뿐만 아니라 기타 제제를 투여하는 등 물리적·화학적 수단을 이용해 혈액과 혈액성분을 조작하는 모든 행위를 금지한다.

여덟 번째는 M2로 화학적·물리적 조작이다. 도핑검사에서 채취한 시료를 오염시키거나 이를 시도하는 행위를 말한다. 또는 12시간 동안 총 100ml보다 많은 양의 정맥투여 및 주사하는 행위도 포함하며 채취한 시료의 성분을 변조하려는 모든 시도는 금지된다.

마지막으로 M3는 유전자 및 세포도핑이다. 유전자 편집을 예로 들 수 있으며 유전자 서열이나 발현을 변경시킬 수 있는 핵산(핵산 유사물)을 사용하는 경우나 정상 세포 또는 조작된 세포를 사용하는 경우를 말한다.

경기기간 중 금지약물과 특정 종목 금지약물

경기기간 중 금지하는 대표 약물로 S6를 첫 번째로 꼽을 수 있다. 대표적으로 코카인이나 펜터민 등이 있으며 아낙필라시스나 ADHD, 감기 및 독감 등에서 치료제로 사용되기도 한다. 하지만 심장마비, 뇌졸중, 부정맥의 위험을 높일 수 있으며 탈수나 중독 증상이 나타나기도 한다.

두 번째 S7은 마약이다. 모르핀이나 펜터민, 펜타닐처럼 대중들에게도 널리 알려져 있으며 신경인성 통증 및 암성 통증 치료제로도 사용되나 부작용으로 강력한 중독증상, 불안, 환각 등을 일으킬 수 있어 국내에서는 법률에 따라 엄격하게 통제하고 있다.

그리고 2024년 1월 1일부터 S7에 추가된 금지약물이 있다. 바로 트라마돌(Tramadol)이다. 트라마돌은 중증 통증을 조절하기 위한 진통제이나 비교적 낮은 의존성과 부작용으로 한국에서는 마약류

로 분류하지 않고 있고 2023년까지 경기기간 중에도 사용이 허용
되었다. 하지만 과다복용 등 부작용이 선수 건강에 위험이 될 수 있
음이 확인되어 경기기간 중 금지약물에 포함되었다. 선수들은 본인
이 소지하고 있는 약물 중에 트라마돌이 포함되었는지를 확인해보
는 것이 좋다.

세 번째는 S8로 카나비노이드이다. 마리화나나 대마 등이 대표
적이며 국내에서는 운동선수뿐만 아니라 일반인도 사용해서는 안
되는 약물이다. 인지장애나 호흡장애 등의 부작용이 있으며 의존성
이 높고 환각을 볼 수도 있다.

네 번째는 S9로 글루코코르티코이드이다. 이 약물은 앞에서 다
루었듯 2022년에 모든 경로의 주사투여가 금지되었으며 부작용으
로 고혈압이나 골다공증, 혈전장애, 녹내장 등이 나타날 수 있다.

마지막은 P1으로 특정 종목 금지약물인 베타차단제이다. 이는
심장박동수를 감소시키고 집중력을 향상시키는 데 도움을 주는 약
물로 집중력이 중요한 사격이나 양궁 등 특정 종목에서만 금지된
다. 하지만 부작용으로 집중력 저하나 수면장애, 심할 경우 사망에
이를 수 있는 치명적인 기관지 발작이 있을 수 있다.

Tramadol

한국도핑방지위원회
KOREA ANTI-DOPING AGENCY

**2024년 1월 1일부터
경기기간 중 금지약물(S7.마약)에 추가됩니다.**

☑ 트라마돌이란?

- 중등도-중증의 통증을 조절하기 위해 사용되는 진통제
- 중추신경계에 작용하여 진통효과를 나타내며, 비교적 낮은 의존성과 부작용으로 국내에서는 마약류로 분류되고 있지 않음(cf. 미국과 영국 등 일부 국가에서는 마약류에 해당)

☑ 트라마돌은 왜 금지되었을까?

- Tramadol은 신체적 의존성, 아편류 중독, 과다복용과 같은 부작용으로 선수의 건강에 위험을 유발할 수 있음
- WADA의 연구에 따르면, Tramadol은 스포츠에서 경기력 향상 및 Opioid(아편 유사제) 특성으로 인해 선수 건강에 악영향을 미칠 가능성이 있음이 확인됨
→ Tramadol이 '경기기간 중' 금지약물에 포함됨

☑ 톤톤이 알려주는 주의사항!

- 선수가 소지한 약물의 Tramadol 포함 여부를 확인해주세요.
- 치료목적으로 '경기기간 중'에도 지속적으로 약물사용이 필요한 경우에는 TUE 신청서, 의무기록과 함께 치료목적사용면책(TUE)을 신청해주세요.

검사 유형	~2023년	2024년
경기기간 외	허용	허용
경기기간 중	허용	금지

* '경기기간 중'이란 선수가 참가하기로 예정된 경기의 전일 오후 11:59부터 해당 경기 및 그 경기와 관련된 시료채취 절차가 끝나는 시점까지의 기간
* 프로야구(KBO), 프로농구(KBL), 여자프로농구(WKBL), 프로배구(KOVO)는 시범경기, 정규시즌과 포스트시즌 전 기간을 포함

※ **Tramadol의 배출기간**(치료적 용량의 사용 시) : **24시간**

2024년부터 경기기간 중 금지약물에 추가된 트라마돌

출처: 한국도핑방지위원회

육상 영웅의 추락

1988년 서울 올림픽 남자 육상 100m 결승은 '총알 탄 사나이' 벤 존슨의 독무대였다. 무려 9.79초라는 세계기록을 수립하며 당시 최고의 선수였던 미국의 칼 루이스를 제치고 마침내 '육상 영웅'으로 등극한 것이다. 하지만 그의 영광은 삼일천하였다. 경기를 마치고 채취한 벤 존슨의 소변에서 금지약물 양성 반응이 나타난 것이 밝혀졌다.

그의 몰락 이면에는 수단과 방법을 가리지 않고 최고가 되려는 잘못된 야망이 자리하고 있었다. 자신과 동갑인 칼 루이스가 연일 우승을 차지하며 만년 2인자의 자리에 머물게 되자 약물이라는 잘못된 선택을 하게 된 것이다.

그가 사용한 약물은 근성장 촉진 효과가 있다고 알려진 동화작용제 아나볼릭 스테로이드였다. 아나볼릭 스테로이드라는 금지약물을 접하면서 그의 몸은 두드러지게 달라졌고 1987년 로마 세계육상선수권에서 9.83초를 기록하며 사상 처음으로 9.8초대 벽을 허물어 버린다. 그렇게 그의 도핑은 1988년 서울 올림픽까지 이어졌다.

그는 서울 올림픽에서 치른 도핑검사에서 양성 반응이 나오자 해명도 하지 않은 채 황급히 출국해버렸다. 그로 인해 서울 올림픽에서 얻은 금메달은 물론이고 그 이전에 로마에서 세운 신기록 또한 박탈되었다. 업적을 잃고 나서 도핑을 멈췄냐고 묻는다면 아니다. 1993년 그는 또다시 도핑검사에서 적발되었고 결국 세계육상연맹에서 영구 퇴출되었다.

그렇게 그는 불명예를 안고 육상계를 떠났지만 스포츠와의 인연을 완전히 끊을 수는 없었던지 한때는 유명 축구 선수 디에고 마라도나의 개인 트레이너로도 활동했다. 그리고 안정환 선수가 활약했던 이탈리아 페루자를 연고로 하는 프로축구 구단 AC 페루자 칼초 훈련 캠프에 트레이너 자격으로 나타나 언론의 주목을 받기도 했다.

한 가지 흥미로운 사실은 자신을 망가뜨린 도핑이 얼마나 위험한 일인지를 알리기 위해 2013년 호주의 한 의류 회사와 함께 도핑방지 홍보대사로도 활동을 했다는 점이다. 그는 한 언론과의 인터뷰에서 "도핑의 유혹을 뿌리치지 못했던 이유는 결국 돈"이었다며, 기록이 좋아야 대기업의 후원을 받을 수 있다는 슬픈 현실을 지적했다. 이어서 다른 선수들이 자신과 같은 실수를 반복하지 않기를 바란다고도 말했다.

스포츠 대회의 규모가 커지고 거대 자본이 들어오면서 선수들의 도핑 유혹이 커지는 것도 사실이다. 좋은 기록을 내야 후원을 받을 수 있고 그렇게 되면 더 질 높은 훈련을 할 수도 있을 것이다. 하지만 도핑을 통한 기록은 자신의 온전한 실력이라고 할 수 없다. 자신의 것이 아닌 업적은 기둥 없는 집과 같다. 벽돌을 탄탄히 쌓아 벽을 만들어도 기둥이 없으면 언젠간 무너질 수밖에 없는 것이다.

Chapter 5.

우리는
도핑검사관입니다

DOPING

SPORTS & DOPING

14
도핑검사관

'도핑'은 스포츠와 관련이 없는 사람도 한 번쯤 들어봤을 것이다. 그리고 도핑을 적발하는 도핑검사관의 존재도 마찬가지일 것이다. 하지만 널리 알려진 것에 비해 도핑검사관이 정확히 어떤 일을 하는지 또 도핑검사관은 어떻게 되는지에 대한 정보는 많지 않다.

도핑검사관으로 할 수 있는 일에는 한계가 없다. 한 도핑검사관은 국내를 넘어 아시안게임, 올림픽, 세계선수권, 국제경기연맹, 국제스포츠기구 등 전 세계로 활동 범위를 넓히며 스포츠 행정가로 활동하고 있고, 다른 도핑검사관은 한국도핑방지위원회 설립과 함께 국내 1기 도핑검사관으로 선발되어 도핑검사관이자 도핑방지교육 전문강사로 활동하고 있기도 하다. 이외에도 많은 도핑검사관이 각자의 자리에서 도핑의 위험성을 알리고 경각심을 높이기 위해 노력하고 있다.

이들이 도핑검사관이 되기 전에 했던 일은 모두 다르다. 도핑검사관이 된 계기도 모두 다르고, 도핑검사관이 되고 난 이후의 행보도 다르지만 깨끗하고 공정한 스포츠를 지향한다는 점은 동일하다. 도핑검사관으로서 가져야 할 가장 중요한 건 스포츠를 생각하는 마음가짐이다.

도핑검사관은 누구인가

도핑검사관은 도핑방지기구로부터 적절한 교육 및 인증을 받고 권한을 위임받아 시료채취 활동을 하는 사람을 말한다. 도핑검사관 외에도 시료채취요원으로 혈액채취요원과 샤프롱이 있다.

대한민국의 도핑검사관은 한국도핑방지위원회의 도핑검사 프로그램을 스포츠 현장에서 실천하는 사람들이다. 이들은 시료채취 절차의 무결성을 추구하고 선수들이 도핑으로부터 불이익을 받지 않고 공정하고 깨끗한 스포츠 환경에서 경쟁할 수 있는 권리를 보호하는 임무를 수행한다.

현재 국내에는 약 80여 명(2024년 기준)의 도핑검사관(혈액채취요원 포함)이 활동하고 있다. 대부분은 본업을 별도로 가지고 있으며, 이 중에는 전(前) 국가대표, 프로스포츠 선수 출신, 체육대학교수, 스포츠 행정가, 임상병리사, 소방관, 국제심판 등 다양한 사람들로 구성되어 있다. 이처럼 다양한 사람들로 구성될 수 있는 이유는 스포츠에 관심과 열정을 가지고 있는 사람이라면 도핑검사관이 될 수 있기 때문이다.

하지만 도핑검사관이 된 이후에 그 자격을 유지하는 일은 쉽지 않다. 도핑검사관은 한국도핑방지위원회에 프리랜서 형식으로 소속되어 있는데 해마다 두 차례의 평가를 치러서 합격해야 자격을 갱신할 수 있다. 또 한국도핑방지위원회에서 정한 최소한의 검사 건수도 이행해야 하고 매년 보수교육도 받아야 한다.

도핑검사를 희망하는 도핑검사관은 검사관 전용 포털사이트 (KADAMS)에 접속해 향후 검사 계획을 확인하고 자신의 일정이 가능한 날을 선택해 지원하면 된다. 모집이 마감되면 한국도핑방지위원회는 검사의 성격과 요구조건, 이동거리 등을 종합적으로 고려해 적합한 도핑검사관을 선정하게 된다. 국제검사의 경우 소통을 위해 영어로 검사가 가능한 도핑검사관을 선정하는 방식이다.

올림픽, 아시안게임 등 국제대회에서는 자격을 가진 도핑검사관을 대상으로 해당 조직위원회나 국제검사기구에서 직접 선발하는 경우도 있다.

현장 속 도핑검사관

검사는 보통 혼자 혹은 팀으로 이루어진다. 현장 도핑검사관 중 총괄 책임자를 선임도핑검사관이라고 부른다. 선임도핑검사관은 관련 매뉴얼과 규정에 따라 검사를 총괄해야 한다. 검사의 성격에 따라 대회 관계자 혹은 시설 담당자와 연락을 하고 시료채취와 관련된 용품 및 서식을 미리 준비해야 한다.

선임도핑검사관은 검사를 시작하기 전 도핑관리실이 최소한의 요건을 충족하는지 평가해서 검사를 진행한다. 만약 도핑관리실이 기준에 못 미칠 경우에는 관계자에게 장소를 변경해 달라고 요청할 수도 있고 검사가 불가능할 정도인 경우에는 한국도핑방지위원회 담당자에게 보고하고 검사를 취소할 수도 있다.

검사를 진행하기 전에는 시료채취요원(팀)에게 검사 지시사항을 자세히 설명하고 검사 대상이 되는 선수와 이해충돌이 있는지 확인한다. 검사 당일 선수를 도핑관리실로 동반해야 하는 샤프롱이 있다면 임무 수행이 가능한지 혹은 미성년자는 아닌지 등을 확인하고 교육한다.

도핑검사관은 반드시 사진이 포함된 신분증과 도핑검사권한서를 지참해야 한다. 검사가 시작되면 검사 대상 선수가 자신의 권리의무를 적절히 설명 받았는지를 확인하고 시료채취 과정을 설명해야 하며 선수가 소변시료를 제공하는 일련의 과정에 입회해야 한다. 선수가 제공한 소변 또는 혈액시료는 올바로 채취되어야 하며 완전성이 유지될 수 있도록 봉인 여부 등을 정확하게 체크하고 서류작업을 해야 한다.

도핑검사를 진행하는 과정에서 습득한 모든 정보는 보안사항에 해당되므로 엄격하게 비밀로 유지해야 한다. 이는 선수의 사생활 및 개인정보 보호는 물론이고 도핑검사의 비예측성을 보장하기 위한 목적이기도 하다.

한편 도핑관리실은 보안구역이므로 언론이나 미디어 관계자가 함부로 출입할 수 없도록 도핑검사관이나 샤프롱 등이 통제해야 한다. 사전에 세계도핑방지기구나 한국도핑방지위원회 등 관계 기관으로부터 승인이 없었다면 취재나 촬영도 허용해서는 안 된다.

스포츠 현장에서 도핑방지 프로그램의 올바른 정착을 위해 일하는 도핑검사관은 단순히 시료를 채취하는 수준에 머물러서는 안 된다. 선수 및 관계자, 그리고 또 다른 시료채취요원 등과 함께 일해야 하므로 팀워크는 물론이고 정중하고 예의바른 자세로 소통할 수 있는 능력도 필요하다.

한편 현장에서 규정 위반이나 돌발상황이 발생할 경우 신속하게 대처할 수 있는 판단 능력과 발생한 일들을 객관적으로 기록할 수 있는 서류 작성 능력, 그리고 국제대회에 참가할 경우 필요한 수준의 영어 능력도 갖추어야 한다.

15
샤프롱

도핑검사관, 혈액채취요원, 샤프롱. 앞서 나온 호칭 중 유달리 낯설게 느껴지는 이름이 있다. 바로 샤프롱(Chaperone)이다. 샤프롱은 시료채취요원으로 도핑검사를 받아야 하는 선수에게 도핑검사 대상자임을 통지하고 선수를 동반해서 도핑관리실로 함께 이동하는 아주 중요한 역할을 담당한다.

얼핏 선수를 찾아 도핑관리실로 오기만 하면 되니 쉽게 느껴질 수도 있지만 도핑검사 자체가 보안이 굉장히 중요하고, 도핑검사를 할 수 있다는 것 자체가 선수의 경기력에 영향을 줄 수 있어 세심하게 움직이는 것이 무엇보다 중요하다.

실제로 2022 베이징 동계올림픽에서는 현지 샤프롱이 경기를 막 끝낸 선수에게 도핑검사 대상자로 선정되었음을 통지하는 과정 일부가 방송으로 생중계되며 선수의 사생활이나 개인정보 등이 일부 노출되어 문제가 되기도 했다.

아시안게임이나 올림픽 등 메가스포츠이벤트들이 모두가 즐길 수 있는 축제인 것은 맞지만 이 순간만을 위해 땀 흘려 노력한 선수에게는 굉장히 예민하고 긴장되는 순간이기도 하다. 스포츠를 좋아하고 선수를 응원하고 싶은 마음이 들 수 있지만 함께 사진을 찍어 달라고 요청하거나 기념핀 등을 교환하자고 요구하는 것은 자칫 선수의 경기력에 영향을 미칠 수 있으므로 각별히 주의하고 도핑검사를 진행하는 일련의 과정이 철저히 지켜지도록 SNS에 공유해서도 안된다. 스스로가 맡은 역할을 잘 이해하는 것이 기본이다.

샤프롱의 조건

샤프롱이 되기 위해서 특별한 자격이 요구되지는 않지만 기본적으로는 미성년자가 아닌 18세 이상의 성인이어야 한다. 국제대회에서 샤프롱 역할을 수행해야 하는 사람이라면 당연히 영어 능력을 고려하지 않을 수 없다.

선수 통지에서부터 신분확인, 선수의 의무와 권리 안내, 도핑관리실로 에스코트하는 등의 일련의 과정을 모두 영어로 진행해야 하기 때문이다. 또한 선수가 미성년자이거나 장애인 선수인 경우에는 통지 및 동반하는 절차가 보다 복잡해지고 선수의 권리와 조정에 관한 내용 등도 추가된다.

그리고 샤프롱의 배정은 조금 더 촘촘하게 규정된다. 우선 샤프롱은 선수의 성별에 맞게 남성 선수에게는 남성 샤프롱을, 여성 선수에게는 여성 샤프롱을 배정한다. 라커룸에서 짐을 챙기거나 옷을 갈아입는 등 선수가 어느 장소에 가더라도 샤프롱은 항상 선수와 함께 있어야 하므로 같은 성별의 샤프롱을 배치해야 도핑검사의 완전성을 보장할 수 있으며 선수의 인권과 프라이버시도 보호될 수 있다.

하지만 도핑검사 현장에서는 검사 대상 선수의 숫자에 맞는 충분한 샤프롱을 확보하기 어려운 경우가 많다. 대개의 경우 샤프롱은 경기를 운영하는 주최 측에서 지원을 해주는데 인원이 부족한 경우에는 도핑검사관이 샤프롱의 임무를 수행할 수도 있고 성별이 다른 샤프롱을 배치해야 하는 경우도 발생한다.

이런 경우에는 선수에게 양해를 구하고 신분증과 선수의 가방 등 중요 물품만 챙겨 이동 동선을 최소화해 신속하게 도핑관리실로 안내한 후에 선수가 요청하는 필요한 후속조치를 취하게 할 수도 있다.

프로농구, 프로배구와 같은 프로스포츠 경기에서는 협회에서 지원해 준 사람이나 보안요원 등이 샤프롱 역할을 수행하기도 한다. 전국체육대회나 종목별 대회에서는 종목 심판이나 코치 등 대회 관계자가 샤프롱으로 배치되는 경우도 있다.

KADA 한국도핑방지위원회
KOREA ANTI-DOPING AGENCY

샤프롱(도핑검사동반인) 서약서

한국도핑방지위원회(이하 "위원회")가 인증한 샤프롱으로서 위원회로부터 위탁받은 시료채취활동 및 이와 관련한 업무를 수행함에 있어 아래 사항을 엄격하게 준수할 것을 서약합니다.

○ 본인은 도핑검사관의 지시에 따라 한국도핑방지규정을 엄격히 준수하여 시료채취 업무를 수행하며 이와 관련하여 취득한 모든 정보를 임의로 발설하거나 공개하지 않는다.

○ 본인은 선수 개인훈련, 도핑 관련 연구 활동 등과 직접적인 관계가 없으며, 시료채취 대상 선수 또는 경기단체와 관련이 있어 시료채취활동의 공정성이 훼손될 우려가 있는 경우에는 선임도핑검사관에게 신고하고 해당 시료채취활동에는 참여하지 않는다.

○ 본인은 시료채취활동과 관련하여 작성하거나 보유한 모든 기록, 문서를 비밀로 관리하며, 위원회의 도핑검사용품, 문서 등을 제3자에게 임의로 제공하지 않는다.

○ 본인은 위원회의 지시에 따른 교육이나 도핑방지 안내서 배포 등을 제외하고는 금지약물과 관련하여 선수, 선수지원요원 등에게 직접 조언하지 않으며, 위원회에 문의하도록 안내한다.

○ 본인은 시료채취과정에 대해 사진 또는 동영상을 촬영하거나, 시료채취활동과 관련하여 선물 또는 환대를 받거나, 음주, 도박행위를 하지 않는다.

• 검사고유번호/종목: _____ / _____

성 명	생년월일	연락처	은행/계좌번호	서 명	개인정보 동의
		010- -	/		
		010- -			
		010- -			
		010- -			
		010- -			

샤프롱 수당: 30,000원/1일

• 개인정보 수집 및 이용 동의

구 분	내 용
개인정보의 수집 이용목적	· 수당지급, KADA 샤프롱 최소기준 확인(성인), 직계존속 명의 통장 확인(미성년)
수집하는 개인정보의 항목	· **성명, 생년월일, 연락처, 계좌정보, 가족관계증명서 또는 주민등록등본(필요시)**
보유 및 이용 기간	· **목적 달성 시 까지**
동의 거부 시 불이익에 관한 사항	· 개인정보 수집 및 이용 동의에 거부하실 경우 샤프롱 활동 참여가 불가합니다.

20 년 월 일

선임 도핑검사관 : _____ (인)

　이럴 경우 장점은 검사 대상이 되는 선수를 찾거나 통지하는 일이 매우 수월하다는 것이다. 아울러 해당 종목에 대한 이해가 깊어 경기운영 방식이나 종목 특성에 대해서도 상세한 설명을 들을 수 있다. 종목에 대한 이해가 있어야 언제 어떻게 선수에게 통지할지에 대한 계획을 세울 수가 있고 어떤 동선으로 이동해야 하는지도 사전에 점검할 수 있다.

　주의해야 할 점은 대회 관계자가 샤프롱 임무를 지원해 줄 경우 출전한 선수들을 잘 알기 때문에 선수나 관계자에게 도핑검사에 관한 정보를 전달할 소지가 있다는 것이다. 그래서 샤프롱 교육을 할 때 보안유지에 관해 재차 강조해야 하며 샤프롱 서약서에도 내용을 충분히 이해하고 준수하겠다는 것에 동의하는 서명을 받아야 한다.

　한편 샤프롱은 검사 대상인 선수와 친인척 관계라든지 혹은 지도자나 친구와 같은 밀접한 관계가 아니어야 한다. 자칫 이해충돌이 생길 수도 있고 보안이 유지되어야 하는 도핑검사 정보에 심각한 영향을 미칠 수도 있기 때문이다. 이 부분은 선임도핑검사관이 샤프롱 교육을 할 때 반드시 확인해야 하고 혹시 문제가 될 수 있는 샤프롱의 경우 다른 샤프롱으로 교체하거나 혹은 도핑검사관이 직접 샤프롱 임무를 수행하는 것으로 보완해야 한다.

　국제스포츠대회에서는 도핑관리실에 배정을 받은 자원봉사자들이 샤프롱 임무를 수행하는 데 이때 샤프롱은 국제적인 수준에 맞게 예의를 갖추는 것은 물론이고 중립적인 자세를 유지하는 것이 필요하다.

현장 속 샤프롱

도핑검사 과정은 샤프롱이 검사 대상 선수에게 검사 대상자임을 통지하면서 시작된다. 통지 이후에는 대상 선수의 도핑방지규정 위반이나 의심스러운 행동이 있는지를 상시 관찰해야 하고 만약 특이사항이 있다면 바로 선임도핑검사관에게 보고해야 한다.

샤프롱은 도핑검사관과 매우 유기적인 관계에 있다. 샤프롱은 현장 상황에 예민하게 반응할 수 있는 이해력과 순발력이 요구되고 만약 돌발 상황이나 특이사항이 발생하면 바로 도핑검사관에게 보고해 후속조치를 취하게 할 수 있어야 한다.

통지 현장부터 따라가 보면 경기가 진행되고 있는 경기장은 정숙함과 엄격함이 요구되는 공간이기도 하다. 그래서 샤프롱은 경기장에 출입할 경우 경기 진행에 방해가 되지 않으면서도 선수를 잘 관찰할 수 있도록 대기 장소를 설정해야 한다. 이는 경기 시작 전 도핑검사관들과 함께 현장점검을 할 때 논의를 통해 최적의 장소를 선정해야 한다. 예를 들면 봅슬레이 종목과 같이 큰 장비와 날카로운 썰매 날(blade)이 있는 장소에서는 선수는 물론이고 샤프롱 또한 안전에 유의해서 동선을 정해야 한다.

기본적으로 도핑검사 통지는 경기를 마친 후에 한다. 하지만 샤프롱은 수시로 경기상황을 모니터링하면서 경기가 종료되기 이전부터 현장에 대기하고 있어야 한다. 경기 결과를 쉽게 확인할 수 있는 농구나 축구 같은 경우에는 다른 종목에 비해 결과를 예상하기 쉽고 검사 대상 선수를 특정하기도 수월

현장에서 샤프롱임을 알릴 수 있도록 조끼 또는 완장(명찰)을 착용한다.

하다. 하지만 스켈레톤과 같은 종목의 경우 기록이 좋은 선수들이 경기 후반부에 배치되어 경기가 막바지로 갈수록 메달 순위가 바뀔 가능성이 높기 때문에 경기진행 상황을 상시 모니터링해야 한다. 또한 수영, 육상 단거리 종목 같은 경우 순식간에 경기결과가 나오므로 항상 경기를 주시하고 선수의 동선을 잘 파악하고 있어야 한다.

도핑검사 대상자는 검사지시서(Mission Order 혹은 Testing Order)에 기록된 정보에 따라 통지한다. 스포츠댄스와 같은 종목은 선수의 퍼포먼스가 끝난 후 채점까지 다소 시간이 걸려 경기를 마친 선

수들이 경기장 밖이나 다른 장소로 이동하기도 하기 때문에 만약 내가 3등을 한 팀이나 선수에게 통지를 해야 한다면 사전에 어떤 팀과 선수가 대상이 될지를 예측하고 필요할 경우 추가로 샤프롱을 예상되는 팀이나 선수에게 배정해 관찰하게 할 수도 있다.

선수를 통지할 때는 선수의 신분증과 얼굴을 확인하게 되는데 간혹 쌍둥이 선수들이 출전하는 경우도 있으니 내가 통지해야 하는 선수가 정확하게 맞는지를 잘 확인해야 한다. 만약 선수가 AD카드나 여권 등 신분증을 분실했거나 지참하고 있지 않다면 신분증을 가지고 있는 팀 관계자가 대신 신분을 확인해 줄 수도 있다.

선수를 통지한 후에는 유니폼 색깔, 헤어스타일, 등 번호, 신발 브랜드 등 선수를 특정하기 쉬운 특징들을 잘 메모해서 자칫 선수를 놓치는 경우가 없도록 해야 한다. 특히 단체로 같은 유니폼을 입고 있는 경우나 외모 등이 비슷한 경우에는 한 눈을 팔다가 선수를 놓칠 수도 있으니 도핑검사 과정 내내 잘 지켜봐야 한다.

경기결과에 불만을 품거나 자신의 경기력에 실망해서 극도로 흥분하거나 울고 있는 선수에게 다가가 도핑검사 대상자라고 통지하는 일은 경험이 많은 도핑검사관도 쉽지 않은 일이다. 선수 또한 우리와 마찬가지로 감정을 가진 사람이라는 점을 기억하고 경기를 마친 후 충분히 기뻐하거나 또 감정을 조절할 수 있도록 유연하게 소통하고 기다려 주는 인내심도 필요하다.

유럽의 한 국가에서는 샤프롱 경력이 있어야만 도핑검사관이 될 수 있다고 한다. 아무리 시료채취 과정을 완벽하게 진행했다고 해도 샤프롱이 경기장에서 선수를 놓쳤거나 혹은 휴대폰을 보는 등 다른 행동을 하느라 선수에게 충분한 주의를 기울이지 않아 도핑규정을 위반할 만한 어떤 일탈행위가 있었다면 그 검사 자체를 완벽했다고 말할 수는 없을 것이다.

결국 샤프롱이 도핑검사의 시작을 어떻게 열어 주는지가 완전한 도핑검사의 시작점이라고 할 수 있다. 하지만 현재의 국내 상황은 샤프롱의 수급이 대체로 현장 상황에 맞춰져 있다. 도핑검사 과정을 충분히 이해하는 단체에서는 지원과 인력을 아끼지 않고 제공해 주지만, 최악의 경우에는 인력이 부족하다는 이유로 샤프롱을 제공하지 않아 도핑검사 업무에 과부하가 걸리기도 한다.

이는 도핑검사를 계획에 따라 주도적으로 진행하지 못하고 수동적인 형태로 위축시킬 위험이 크다. 따라서 이런 문제점을 예방하고 샤프롱 업무의 연속성과 전문성이 확보될 수 있도록 보다 현실적이고 구체적인 방안을 마련하는 것이 필요하다. 예를 들면 각 지역이나 권역별로 체육을 전공하는 학생이나 또는 스포츠를 좋아하는 사람들 중에서 희망자를 선발, 교육해서 샤프롱 인력풀을 구성하고 향후 현장경험이 많은 샤프롱 경력을 가진 사람들을 도핑검사관으로 임용하는 등의 접근도 필요하다.

16
혈액채취요원

혈액채취요원(BCO, Blood Collection Officer)은 선수로부터 혈액을 채취하는 역할을 한다. 선수들의 혈액시료 채취를 담당하는 혈액채취요원이 되기 위한 대표적인 조건은 '임상병리사' 면허 소지자여야 한다는 것이다. 외국의 경우 단기간 채혈양성과정 이수로도 채혈 자격을 주는 기관들도 있지만 한국도핑방지위원회의 혈액채취요원들은 임상병리학과에서 3년 또는 4년간 지속적인 실습과 최신 채혈학문을 배워 임상병리사 면허를 취득한 사람이 혈액채취요원으로 활동할 수 있기 때문에 안심하고 팔을 맡기면 된다.

소변을 채취하는 소변검사와 달리 혈액검사는 선수의 혈관을 통해 혈액을 채취하는 과정이기 때문에 아무래도 좀 더 조심스러울 수밖에 없다. 정맥혈시료 채취 후 가장 중요한 부분은 바로 '올바른 지혈'이라고 할 수 있는데 혈액 채취 후 주사바늘을 제거한 자리를

문지르게 되면 혈관과 모세혈관이 터져 피부 아래로 퍼지며 멍이 들거나 피부손상, 통증 등이 있을 수 있어 채취한 혈액채취요원의 안내에 따라 지혈하길 권하고 있다. 혈액을 채취한 후에는 시료의 안정성과 결과의 정확성을 위해 보냉가방과 온도기록계를 이용하여 보관하고 이동 및 운송하는 동안에는 특별한 주의를 기울인다.

사람마다 혈관의 크기나 모양이나 위치가 다르고, 선천적으로 혈관 상태가 좋지 않거나 긴장으로 인해 탈수 증상이 있는 등 여러 가지 이유로 혈관이 작아질 수 있기 때문에 채혈하는 혈액채취요원이 베테랑일지라도 긴장을 하게 된다.

실제로 2018년에는 미국 프로 테니스 선수가 도핑검사 자체를 반대하는 건 아니지만 혈관에 바늘이 꽂히는 것에 고통을 느끼는 희귀 질환을 앓고 있다며 체질을 고려하지 않고 강압적으로 팔을 통한 채혈을 한 결과 팔에 완전히 힘이 들어가지 않아 피해를 봤다며 국제테니스연맹을 고소한 일도 있었다. 채혈이 필요했다면 손가락 끝을 통한 채혈도 충분했을 것이라는 주장이었다.

국제테니스연맹이 이 고소에 대한 공식적인 언급을 자제해 후일담은 들려오지 않았지만 혈액채취요원으로 일하다보면 주사바늘에 대한 공포를 호소하는 선수들을 많이 보았다. 통증을 느끼는 질환은 아니기 때문에 최대한 태연하게 선수들을 진정시키며 채혈을 진행하였는데 그 과정에서 채혈은 선수와 혈액채취요원의 교감이 중요함을 느꼈다. 서로의 신뢰를 바탕으로 상대방에 대한 예우와 채혈 전 감염관리, 채혈 관련 정확한 정보 전달 등으로 믿음을 주는 과정이 필요하다.

"현장은 위험해!"

메달을 딴 선수에게 축하한다는 악수조차 건네기 어려웠던 기억이 있다. 코로나19가 극심했던 2020 도쿄 하계올림픽과 2022 베이징 동계올림픽 때이다. 이때는 온몸을 커버하는 방호복을 입고 거의 세정제로 샤워를 하다시피 했으며 중간중간 도핑관리실도 소독하고 어딜 가든 마스크는 필수였다. 검사 대상이 밀접 접촉자라면 더욱 민감하게 소독하고 검사했으며 마스크 착용으로 인해 코와 귀에 새겨진 자국에 성할 날이 없던 때였다.

또한 올림픽 기간 동안 매일 코로나19 검사를 받아야 했으므로 코로나 이전에 비해 어려움이 많았던 것은 사실이다. 도핑관리실에 근무하는 사람 한 명이라도 문제가 생긴다면 도핑검사프로그램 자체에 큰 영향을 미칠 수 있기 때문에 더욱 조심스러웠다.

스포츠 현장에서 선수 및 관계자, 그리고 시료채취요원의 보건과 안전을 확보하는 일은 매우 중요하다. 이는 도핑관리실에도 적용되는 말이다. 도핑관리실은 기본적으로 선수의 사생활과 연결되어 있으며 위생에도 민감해야 하는 공간이다. 그래서 한국도핑방지위원회의 자료 등에서도 도핑관리실은 기본적으로 선수의 개인정보와 사생활이 보호되어야 하고, 시료채취 목적으로만 사용되어야 하며 그 외의 목적으로의 사용은 금지해야 한다고 되어 있다. 또한 선수와 시료채취요원의 건강과 안전을 최우선으로 고려한 장소여야 한다. 만약 도핑관리실이 이런 기준에 미치지 못한다면 도핑검사관은 관계자와 협의해 다른 장소를 제공해 주도록 요청해야 한다.

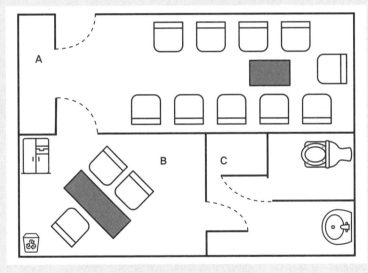

이상적인 도핑관리실 배치도

출처: International Testing Agency

하지만 실제로는 깨끗하고 쾌적한 공간의 도핑관리실을 제공받기는 쉽지 않다. 아시안게임이나 올림픽과 같은 국제스포츠대회는 그나마 괜찮은 수준이지만 일부 국제대회나 국내대회에서는 선수와 도핑검사관을 위한 보건 안전장치가 제대로 마련되지 않은 경우가 간혹 있다.

어느 국내대회에서는 물품창고를 도핑관리실로 사용하라고 해서 도핑검사관들이 창고에 쌓여 있던 집기 등을 모두 치우고 바닥도 쓸어 가면서 도핑검사를 진행한 적도 있고, 또 다른 경기장에서는 여유 공간이 없으니 모두가 사용하는 대기실의 한 모퉁이를 이용하라고 어이 없는 제안을 하는 경우도 종종 있다.

한 국제 마라톤 대회에서는 탈의실용 텐트에서 도핑검사를 진행한 적도 있다. 마라톤과 같이 야외에서 경기가 이루어지는 종목의 경우에는 전용 화장실을 확보하기가 어려워 공중화장실을 사용해야 하는 경우가 종종 있다.

하지만 아무래도 여러 사람이 사용하는 공간이다 보니 위생적으로 문제가 될 수 있으며 검사를 진행하는 도중에도 외부인이 들어올 수 있으므로 샤프롱을 화장실 입구에 배치해 시료제공이 마무리될 때까지 잠시 출입을 통제하는 방법을 사용할 수도 있다.

경기장에 있는 VIP룸이나 인터뷰 공간은 그나마 신경을 많이 써서 제공한 경우이지만 쾌적한 도핑관리실을 제공받기는 쉽지 않은 것이 현실이라 '도핑관리실'이라는 공간에 얽힌 황당한 사례는 무궁무진하다. 다행히 이런 문제점을 개선하기 위한 움직임도 존재한다. 일본, 한국 등의 도핑방지위원회에서는 캠핑카 형태의 '이동형 도핑관리실'을 마련해 운영하고 있다.

도핑검사관은 자신은 물론이고 검사 대상자의 보건 및 안전을 위해 검사 당일 기상 상황은 물론이고 도핑관리실의 위치 및 배치, 비상구, 화장실 조명 및 청결 상태, 경기장 내부 등을 세심하게 점검해야 한다.

또한 봅슬레이나 스키, 럭비 등 장비와 부상 정도가 심한 종목에 배치되었을 때에는 경기 운영팀 및 의무실과 긴밀하게 소통해서 사고를 미연에 방지할 수 있도록 대비하는 것도 좋다. 결국 경기장에서의 보건과 안전을 우선적으로 확보하는 일이 완전한 도핑검사의 시작이라고 볼 수 있다.

도핑검사관이 말하는
도핑검사관 이야기
　　　－ 이재숙

"도핑검사관은 공정한 경쟁과
선수 보호에 앞장서는 스포츠 보안관입니다."

1

간단한 자기소개를 부탁드립니다.

안녕하세요. 한국도핑방지위원회의 도핑검사관, 혈액채취요원, 도핑방지교육 전문강사로 그리고 국제검사기구의 국제도핑검사관로도 활동하고 있는 이재숙입니다. 저는 한국보훈복지의료공단 대구보훈병원 진단검사의학과에 근무하는 임상병리사이며, 대구보건대학교 임상병리학과에서 신속 정확한 진단검사의 주역인 임상병

2018 평창 동계올림픽   2019 광주세계수영선수권대회

리사 후배를 양성 및 지도하고 있습니다.

2 / 도핑검사관이 된 계기가 무엇인가요?

저는 임상병리사 회원들을 위해 대한임상병리사협회 대구시회 행정부회장 및 중앙회의 다양한 교육강사 역할을 전담하고 있습니다. 이미 도핑검사관으로 활동하고 있던 임상병리사 교육강사 한 분의 적극적인 추천으로 2018 평창 동계올림픽을 앞두고 이루어진 도핑검사관 모집에 도전하게 되었습니다.

임상병리사 면허소지자여야 혈액채취가 가능하다는 부분도 강조하기에 저도 공정한 스포츠 현장에 한 몫을 할 수 있다는 것이 관심이 가 2016년 도핑검사관에 지원하게 되었습니다. 그리고 혈액채취 요원을 겸하는 도핑검사관에 선발되어 현재까지 활동하고 있습니다.

3 / 지금까지 참여하셨던 대회와 업무를 소개해주세요.

국제대회는 너무나 영광스럽게도 2018 평창 동계올림픽의 강릉 스피드스케이팅 베뉴에 선발되어, 세계 각국에서 온 국제도핑검사 관들과 함께 도핑검사 업무를 진행했습니다. 그리고 2019 광주 세 계수영선수권대회의 수구 베뉴에서 혈액채취요원도 겸하여 활동하 였으며 그 외 대구국제마라톤대회, 국제사격선수권대회 등 다양한 국제대회에서 도핑검사관과 혈액채취요원으로 활동했습니다.

국내에서 펼쳐지는 프로스포츠, 육상 선수권대회, 전국체육대 회 등의 스포츠 현장에서 선임도핑검사관으로 선수 보호와 스포츠 를 위해 도핑검사에 임하고 있습니다.

4 / 도핑검사관으로 활동하면서 기억에 남는 경험이 있나요?

대한민국 임상병리사로 가장 뿌듯하고 자긍심을 느꼈던 검사는

2019 광주 세계수영선수권대회입니다. 평창 동계올림픽에서는 도핑검사관으로만 활동하고 채혈 업무는 따로 선발된 혈액채취요원들이 담당하였는데 광주 세계수영선수권대회에서는 제가 도핑검사관과 혈액채취요원의 업무를 함께 하게 되었습니다.

제가 근무하던 수구 베뉴에서 혈액검사를 받게 된 브라질 팀의 한 선수가 도핑검사서의 선수의견란에 '내가 받은 최고의 혈액검사였다'라고 칭찬해 주어서 대한민국 임상병리사로서 더욱 가슴 벅찬 감동을 받았습니다.

그리고 평창 동계올림픽에서는 베뉴마다 세계도핑방지기구 감독관들이 각 검사장소에 방문하면서 도핑검사 과정을 평가하게 되었습니다. 마침 스피드스케이팅 베뉴에 방문한 한 감독관이 제가 시행하는 도핑검사 과정을 지켜보게 되었고 저는 첫 국제대회검사라 긴장되었지만 검사종료 후 그 과정을 지켜본 감독관이 엄지를 올리며 "You are perpect!!!" 라고 외쳐서 너무 감사했습니다.

코로나19 대유행 시기 동안 실시된 모든 도핑검사 현장에서 '코로나19 대응 도핑검사 절차 매뉴얼'을 준수하며 개인방역용품 착용과 손 위생에 철저함을 강조하게 되었는데, 이미 감염병 전담병원에 근무 중이던 임상병리사로서 도핑검사 현장과 시료채취용기 등을 먼지 한 톨 없이 소독함에 따라 선수들이 철저하게 감염관리를 준수하는 도핑검사관이라고 칭찬을 받은 기억도 있습니다.

한국도핑방지위원회 전국체육대회
홍보 현장

2023년 8월 한국도핑방지위원회에서 시범운영한 건조혈반검사를 국내 최초로 실시한 혈액채취요원으로서 선수 중심의 도핑방지 현장에 함께한 점도 기억에 남습니다.

그외 다양한 현장에서 만난 선수들이 저를 '친절한 도핑검

대한임상병리사협회 캄트특공대 유튜브
채널 도핑검사관 편 참여

사관'으로 기억해주고 웃음 가득 지으며 즐겁게 검사에 임했던 기억들이 오늘 날 저를 '행복한 도핑검사관'으로 만들어 주었습니다.

5/
도핑검사관이 되고 싶은 사람들이 갖추어야 할 가치관
혹은 업무 능력이 있다면 말씀해 주세요.

한국도핑방지위원회 홈페이지를 방문하시면 도핑검사관의 역할과 임무에 대한 정보를 알 수 있습니다.

한국도핑방지위원회의 깨끗하고 공정한 경쟁을 위한 스포츠, 그리고 선수 건강 보호라는 비전과 함께 도핑검사관은 무엇보다 선수와 선수관계자 그리고 동료 도핑검사관을 위한 성실과 배려, 책임감, 친절한 마인드가 필요합니다. 또 다양한 국제대회에 적합한 언어 소통 능력과 외국 선수들의 각 나라의 문화적 정서와 소통과 이해 능력도 함께 가져야 합니다. 특히 도핑검사관은 혼자 검사하기보다는 다른 도핑검사관들과 함께 경기 운영 및 경기 상황에 따른 발 빠른 대처 능력과 소통 그리고 협업이 필요하기에 함께 공감하는 능력도 중요하다고 생각합니다.

Chapter 6.

스포츠 현장 속
도핑검사

SPORTS & DOPING

17
올림픽

5대륙을 상징하는 다섯 가지 색깔의 원이 교차된 마크가 대표하는 올림픽은 여름에 한 번, 또 겨울에 한 번 개최되며 우리의 한 계절을 책임진다. 다양성을 표현하는 오륜처럼 올림픽에서는 전 세계의 다양한 선수들이 만나 서로 겨루고 화합하며 우리의 심장을 뛰게 한다.

우리를 웃고 또 울게 하는 올림픽이 처음 열린 건 1896년 그리스 아테네 하계올림픽이었다. 이후 최초의 동계올림픽은 1924년

샤모니에서 개최되었다. 올림픽 대회에서 도핑이 처음 수면 위로 올라온 건 1960년 로마 올림픽에서였다.

기대 속에 시작된 올림픽 첫날, 사이클 경기 중 덴마크 선수가 쓰러졌다. 그리고 이내 선수는 사망했다. 갑자기 쓰러진 선수에 대한 의문은 검사로 이어졌고, 검사 결과는 암페타민 과다 복용으로 밝혀졌다.

암페타민은 중추신경 흥분제로 각성 작용을 한다. 피로감이 낮아지고 기분은 좋아지며 에너지가 상승하는 느낌을 주어 오남용될 가능성과 의존성이 생길 확률이 높다. 이와 같은 약물의 사용이 증가하여 피해가 커지자 국제올림픽위원회는 1968년 프랑스 그로노블 동계올림픽에서 처음으로 도핑검사를 도입했다. 이런 시도는 선수들 사이에서 무분별하게 벌어지던 도핑행위를 조금씩 억제하는 역할을 해왔다.

지금도 도핑을 완전히 막지는 못하지만 도핑을 잡을 수 있는 그물망은 더 촘촘해지고 있다. 스포츠 현장에서 도핑관리가 어떤 방법과 모습으로 이루어지고 있는지 알아보자.

하계올림픽

'100m, 9초79, 3일' 세 가지 숫자는 1988년 서울에서 개최된 하계올림픽과 관련이 있다. 육상 100m 종목에 9초79의 기록을 세우며 1위를 차지한 벤 존슨 선수가 금지약물을 사용한 것이 금메달을 목에 건지 3일 뒤에 발표된 것이다.

우리에게는 '88올림픽'으로 익숙한 하계올림픽은 '최초'라는 타이틀을 많이 가지고 있다. 대한민국 입장에서 최초로 개최한 올림픽이 하계올림픽이기도 하고, 올림픽 역사를 보았을 때도 처음 열린 올림픽 대회가 하계올림픽이다. 규모도 동계올림픽보다 크기에 말 그대로 국제 메가스포츠이벤트라고 할 수 있다. 그리고 그만큼 도핑관리 인력이 많이 필요한 것이 하계올림픽이다.

도핑관리의 A부터 Z, 런던 하계올림픽

2012년에 열린 런던 하계올림픽에서는 도핑관리에 어마어마한 인력이 투입되었다. 최초로 메달리스트 전원에게 도핑검사를 실시했기 때문이다.

런던 하계올림픽에서는 선수촌 개촌일부터 폐막일까지 모든 경기장과 선수촌에서 소변과 혈액을 통한 도핑검사가 실시되었다. 그렇게 실시된 도핑검사는 6,250건. 이 규모의 검사를 실시하기 위해 40개국에서 총 2,000명의 운영 인력(도핑검사관, 혈액채취요원, 샤프롱)이 투입되었으니 도핑에 얼마나 철저히 대비했는지 숫자만 봐도 알 수 있다.

이외에도 올림픽 시작 전에 자국에서 도핑검사를 실시하게 해

선수촌 식당 내 주 출입구 전경

도핑에 적발된 선수들이 경기에 참여조차 하지 못하도록 사전 준비부터 철저히 했다. 또 세계도핑방지기구 주최로 도핑방지를 교육하고 홍보할 수 있는 프로그램으로 'WADA 아웃리치(Outreach)' 부스를 선수촌 내 메인 식당 주 출입구에 설치해 도핑방지 홍보에도 열을 올렸다.

이후 2016년에 2012 런던 하계올림픽에 출전한 선수들의 표본 265건을 대상으로 실시한 재검사에서 23명의 선수가 양성 반응을 보인 것으로 밝혀져 올림픽 대회 시작 전부터 끝난 후까지 도핑관리의 모든 것을 보여줬다고 해도 과언이 아니다.

세계도핑방지구 도핑방지 홍보 활동

세계도핑방지기구 도핑방지 홍보 부스

새로운 전환점, 도쿄 하계올림픽

최초 타이틀을 세 개나 가지고 있는 하계올림픽도 있다. 2020 도쿄 하계올림픽이다. 2020 도쿄 하계올림픽은 코로나19 확산 이후 개최된 첫 올림픽이자 이로 인해 역사상 최초로 홀수 연도에 개최된 하계올림픽이다. 또 종이 없는 도핑검사가 최초로 시행된 올림픽이기도 하다.

다른 타이틀 모두 의미 있지만 도핑관리에서는 '종이 없는 도핑검사'에 눈이 간다. 종이 없는 도핑검사는 기존 종이검사와 다르게 태블릿PC를 사용하여 도핑검사를 진행하는 것이다. 기존 도핑검사 과정에서 도핑검사관과 선수는 선수의 개인정보와 종목, 시료채취량, 특이사항, 서명 등 다양한 정보를 문서로 작성해야 했고, 이렇게 작성된 검사 서류에서 필요한 정보를 각 분야의 관계자들에게 전달하기 위해 여러 장의 사본이 필요했다. 하지만 이를 종이 없이 태블릿PC로 진행하면서 모든 과정이 신속하고 정확하게 이루어질 수 있었다.

종이 없는 도핑검사는 선수가 작성하는 정보가 바로 저장되기 때문에 기재 사항도 정확하고, 이를 이메일로 전송해 영구 보관도 가능하다. 또 도핑검사의 진행 시간도 단축할 수 있고, 비용절감 및 환경보호 등 다양한 시각에서 장점이 있는 것이다. 최초로 시행되는 것은 무엇이든 어려움이 있을 수밖에 없는데 다행히도 한국도핑방지위원회는 2020 도쿄 하계올림픽 전부터 종이 없는 도핑검사를 실시하고 있었기 때문에 우리나라 도핑검사관에게 좀 더 이로운 점이 많았다는 것이 현장 속 도핑검사관들의 의견이다. 이외에 새로운 검사기법인 건조혈반검사(DBS)도 파일럿 프로그램으로 진행되기도 했다.

코로나19라는 전 세계가 처음 겪는 낯선 상황에서도 도핑검사 기구들은 도핑방지를 위해 다양한 시도를 이어갔고 도쿄 하계올림픽에서도 4,255명 이상의 선수들에게 소변 및 혈액검사를 시행했다. 그 결과 경기 전 본국에서 받은 사전 검사에서 금지약물 양성 반응이 나와 올림픽 중간에 귀국해야 했던 브라질 여자배구팀부터 성장 호르몬 양성 반응으로 도핑이 적발된 단거리 육상선수까지 도핑을 적발해 낼 수 있었다.

2020 도쿄 하계올림픽의 슬로건은 '감동으로 하나가 되다(United by Emotion)'다. TV와 온라인으로 대회를 지켜볼 수십 억의 관중들부터 대회 운영을 도와줄 자원봉사자들, 국제 사정으로 난민 올림픽팀으로 참여하게 된 선수들까지 서로 다른 배경을 가진 사람들을 연결할 수 있는 스포츠가 가진 통합의 힘을 보여주는 슬로건이었다.

현장의 도핑검사관으로 활동하며 매일 계속되는 코로나19 검사와 방역에 예민해지는 상황도 힘들었지만 무엇보다 무관중에 대중교통조차 탈 수 없는 격리된 상황이 기억에 남는다. 코로나19 확산이라는 전 세계적인 어려움 속에서도 스포츠 정신을 잊지 않고, 도핑에 의지하지 않고, 스스로의 능력을 보여주었던 선수들에게 다시 한번 응원의 박수를 보낸다. 선수들뿐만 아니라 경기를 시청한 사람들 모두 2020 도쿄 하계올림픽의 슬로건처럼 스포츠가 가진 통합의 힘을 즐겼기를 바란다.

동계올림픽

서울에서 하계올림픽을 개최한지 30년 후인 2018년에 평창에서 동계올림픽이 열렸다. 동계올림픽은 크게 두 가지, 설상 스포츠와 빙상 스포츠로 나뉘며 설상 스포츠는 알파인스키, 봅슬레이, 스키점프 등 눈 위에서 열리는 종목을 말하고, 빙상 스포츠는 피겨스케이팅, 스피드 스케이트 등 얼음 위에서 열리는 종목을 말한다.

한국 최초 동계올림픽, 평창 동계올림픽

대한민국에서 개최된 평창 동계올림픽에는 전 세계 92개국에서 2,963명의 선수단이 참가해 102개의 경기가 열렸다. 게다가 스노보드 빅에어(남/여), 스피드 스케이팅 매스스타트(남/여), 알파인스키(혼성 단체전), 컬링(믹스 더블)이 추가되어 역대 동계올림픽대회 중 가장 많은 여성 및 혼성 경기가 진행되었다.

2018 평창 동계올림픽의 키워드는 '화합'이었다. 남과 북이 하

나 된 평화올림픽으로 여자 아이스하키에서 남북한 단일팀을 구성하고, 개회식에서도 남북한 선수와 임원들이 한반도기를 함께 들고 "TEAM KOREA(팀코리아)"로 입장하는 모습을 보여 지구촌 모두에게 의미 있는 대회였다. 그리고 도핑검사관으로서도 기억에 남는 대회다.

평창 올림픽 당시 강릉과 평창 등 빙상 스포츠와 설상 스포츠가 개최되는 현장과 선수들이 머물고 있는 올림픽 선수촌에는 도핑관리실이 존재하고 그곳에는 도핑관리실 매니저가 존재했다. 도핑관리실 매니저란, 도핑검사관은 물론 도핑관리 현장에서 일어날 수 있는 시료채취 업무의 모든 일들을 책임지고 선수 및 선수 지원요원, 경기단체 관계자와 전문적인 소통을 통해 이해충돌 등을 막는 역할이다. 사실상 도핑검사 시작의 문을 열고 도핑검사가 마칠 때 문을 닫는 역할로, 고되기도 했지만 우리나라에서 처음 열리는 동계올림픽인 만큼 모든 도핑검사관들이 서로 도와주며 근무했고, 올림픽 기간 동안 총 3,100개 이상의 샘플이 수집되었다. 2,963명의 참가 선수들 중 1,600명이 적어도 한 번 이상 도핑검사를 받은 수치로 도핑관리를 위해 많은 노력을 했다는 것을 알 수 있다.

동계올림픽 속 도핑

동계올림픽의 첫 도핑 사례는 1972년 삿포로 대회에서 나왔다.

서독의 아이스하키 선수 알로이스 슐로더가 금지약물 에페드린에서 양성 반응을 보여 정직되었다. 하지만 이후 모든 혐의가 풀리며 정직 또한 해제되었다. 동계올림픽이 개최된 후 30년 동안에는 단 6건의 양성 사례가 있었다. 그러나 도핑검사가 강화된 2002년 동계올림픽을 시작으로 양성 사례의 수가 급격히 증가했다.

대마초로 메달을 박탈당한 첫 사례는 1998년 나가노 올림픽대회에서였다. 스노보드 사상 첫 금메달을 목에 건 캐나다인 로스 레바글리아티는 당시 금지약물이었던 마리화나를 복용한 것으로 나와 메달을 박탈당했다. 그러나 이후 스포츠중재재판소는 이 결정을 기각했다. 이후 많은 과정을 거쳐 세계도핑방지기구의 금지약물 목록에서 마리화나는 제외되었다.

처음으로 지구력 종목의 모든 운동선수가 경기 중 에리스로포이에틴(EPO) 검사를 받은 적도 있다. 2002 솔트레이크시티 동계올림픽에서 일어난 일이다. 에리스로포이에틴은 적혈구 생성을 촉진해 경기력을 향상시키는 약물로 금지약물에 해당한다. 하지만 이때 도핑검사를 받은 선수 100여 명에게서 에리스로포이에틴의 흔적이 나타난 것이다. 검사와 조사 끝에 이 사건은 9건의 메달 박탈이라는 결말을 맞았다.

2006년 토리노 동계올림픽에서는 도핑검사에서 양성 반응이 일어나지 않았으나 선수들을 징계한 사건이 처음으로 일어나기도 했다. 대상은 오스트리아 선수들로 도핑 물질을 소지하고 도핑 음모에 가담한 혐의였다. 이탈리아 경찰들이 이들의 숙소를 급습하는 과정에서 도핑의 증거를 발견했고, 유죄 판결을 받으며 경기 결과도 무효로 처리되었다.

2014년에는 국가 주도로 도핑이 이루어진 대회였다. 소치 동계올림픽에서 러시아 선수들이 국가주도로 도핑을 한 사실이 밝혀진 것이다. 소치 동계올림픽에서는 총 55건의 도핑 사례가 적발되었으며 이는 동계올림픽 역사상 가장 많은 도핑 사례로 21개의 메달이 박탈되었다. 이 여파로 2018년 평창 동계올림픽에서 러시아 대표단 전체의 참가가 금지되었고 선수들은 개인자격으로만 출전이 가능했다.

하지만 평창 동계올림픽에서도 도핑이 적발되었고, 설상가상으로 2022 베이징 동계올림픽에서는 미성년인 피겨 선수 카밀라 발리예바의 도핑이 적발되며 선수뿐만 아니라 선수지원요원(경기관계자 및 지도자)과 주변인물의 중요성이 다시금 떠오르기도 했다.

18
아시안게임과
기타 국제대회

아시안게임은 제2차 세계대전이 끝난 후 세계 평화를 촉진할 목적으로 창설된 대회로 4년마다 개최되고 있다. 대회 주관은 국제올림픽위원회의 승인을 받은 5개 대륙 기구 중 하나로 1982년에 설립된 아시아올림픽평의회(아시아 45개 회원국)에서 맡고 있으며 이름처럼 전반적으로 올림픽 프로그램을 따르며 아시아 대륙의 다양한 스포츠 문화를 반영하고 있다. 올림픽보다 참가국은 적지만 세팍타크로나 카바디 등 아시아 만의 운동 경기를 접할 수 있는 색다른 매력이 있는 대회이다.

대한민국에서는 1986년 서울에서 처음으로 개최되었으며 두 번째는 1999년 강원에서, 세 번째는 2002년 부산에서, 네 번째는 2014년 인천에서 유치하며 흐름을 이어가고 있다. 한국에서 아시안게임이 처음 열렸던 당시에도 도핑검사는 이루어지고 있었으나

국내 도핑방지 전문 인력이 투입된 건 2006년 11월 한국도핑방지
위원회가 설립된 이후로, 2014년 인천 아시안게임에서는 한국도핑
방지위원회의 도핑검사 자격증을 받은 검사관들이 현장에 파견되
어 도핑관리 프로그램을 진행했다.

2014년 인천 아시안게임의 경우, 도핑검사가 종이로 이루어지
던 때였기 때문에 서류도 정말 많았고, 정확한 정보 기입이 중요
해 확인과 감수를 수십 번 했다. 도핑 없는 아시안게임을 모토로 하
고 있었기 때문에 역대 최대 규모의 도핑검사가 진행되기도 했다.
2010년 광저우 아시안게임에서 실시된 도핑검사가 약 1,500건이
었던 반면, 인천 아시안 게임에서는 1,900여 건이 넘는 검사가 진

2014 인천 아시안게임 도핑방지교육 활동

행되어 30%나 증가한 수치를 보였다.

또 47개의 도핑관리실을 설치하고 도핑관리자 역시 역대 최대로 총 350명의 도핑검사관이 투입되었다. 이중 27명은 아시아 전역에서 온 국제도핑검사관이었다.

대중적으로는 올림픽과 아시안게임이 많이 알려져 있지만 그 외에도 다양한 국제대회들이 치러지고 있으며 한국에서 개최된 경우도 많다. 이 장에서는 아시안게임과 함께 국내에서 진행된 다양한 국제대회를 다뤄보고자 한다.

세계 최초 국제도핑검사관 프로그램

모든 스포츠대회에서 중요한 건 대회의 규모와 무관하게 도핑관리를 위해 많은 노력을 기울인다는 것이다. 당당해야 할 스포츠 정신과 영광을 누려야 할 시간에 잘못된 결정으로 노력의 댓가가 한 순간에 무너져버린다면 이 얼마나 허무한 일인가. 이는 선수의 운동 생명뿐만 아니라 건강도 위협하는 일이기에 지속적인 도핑의 인식과 도핑방지 교육이 필요하고, 아시안 게임에서도 다양한 시도를 하고 있다.

그 시도의 일환으로 2008년 처음 개최된 아시아올림픽평의회 (OCA) 비치아시안게임에서는 전 세계 최초로 국제도핑검사관 프로그램이 실시됐다. 목적은 효율적인 도핑관리프로그램 운영과 교육이었으며 세계도핑방지기구와 아시아올림픽평의회에서 공동 진행했다.

총 8개국 10여 명이 참여한 이 프로그램에는 대한민국 대표로 한국도핑방지위원회 소속 도핑검사관이 참여하여 국제도핑검사관 자격을 국내 최초로 취득하기도 했다. 그 이후 국제올림픽위원회는 2010년에 개최된 밴쿠버 동계올림픽에서부터 세계도핑방지기구와 함께 공식적으로 국제도핑검사관 프로그램을 시작했다.

음주도 도핑일까?

2010년 광저우에서 열린 아시안게임에서는 음주 측정이 진행되기도 했다. 당시에는 알코올이 양궁, 항공 스포츠, 자동차 경주, 모터보트 이 4가지 종목에서 금지약물로 규정되어 있었기 때문이다.

중국도핑방지위원회와 아시아올림픽평의회는 이를 위해 대한민국에서 실시되고 있는 음주 측정 검사 장비와 전문인력을 한국도핑방지위원회에 요청했고, 한국도핑방지위원회 소속의 검사관이 파견되어 아시안게임 최초로 양궁 종목에서 음주 도핑검사가 진행되었다.

이후 세계도핑방지기구에서는 매년 금지약물을 업데이트하며 '2018년도 금지약물 및 방법 목록'에서 알코올을 제외시켰다. 이에 세계양궁연맹이 반발하기도 했으나 결국 금지약물에서 제외되었다.

e스포츠도 도핑검사를 할까?

아시안게임의 범주가 확장되면서 2022 항저우 아시안게임(코로나19로 인해 2023년 개최)에서는 40개의 종목과 481개의 세부 종목이 치러졌다. 그리고 그 중에는 e스포츠와 브레이킹도 포함되었다. 이외에도 카바디 등 다양한 이색 종목들이 눈길을 끌었는데 이 중 직접 몸을 움직여 경쟁하는 것이 아닌 e스포츠에서도 도핑이 있을까? 도핑검사를 받아야 할까?

답부터 말하자면 도핑검사를 받는다. 지난 2015년 한 e스포츠 선수가 팀원 전원이 모두 각성 효과가 있는 ADHD 치료제 '애더럴(Adderall)'을 먹는다고 밝혀 큰 파장이 일기도 했었다. 비슷한 기준으로 집중력이 중요한 사격이나 양궁에서도 비슷한 효과를 내는 약물을 사용하다가 도핑에 적발되기도 한다.

따라서 e스포츠도 아시안게임의 정식종목으로 입성한 만큼 세계도핑방지규정과 아시안게임 도핑방지규정에 맞춰서 도핑검사를 받는다. 한국 대표팀은 사상 처음 받은 도핑검사로 이를 신기하고 재미있는 경험으로 생각하고 있다는 후일담도 있다. 이외에도 바둑, 체스 등 아시안게임에 채택된 모든 종목의 선수들이 도핑검사 대상자가 된다.

전 세계 도핑방지 교육프로그램의 시초를 만들다

2015년에는 광주에서 하계유니버시아드, 광주U대회가 열렸다. 올림픽과 아시안게임에 비해 다소 낯설게 느껴질 수 있는 유니버시아드는 대학(University)와 올림피아드(Olympiad)를 합친 말로 국제대학스포츠연맹(FISU)이 주관한다. 이제는 유니버시아드라는 단어는 사라지고 세계대학경기대회라고 명칭이 변경되었다. 당시 광주 하계유니버시아드대회 조직위는 대회 선수촌이 오픈되는 날부터 선수촌국제구역에 '선수촌 도핑관리종합상황실'을 운영했다. 또한 선수촌분촌에는 도핑관리상황실을, 31개의 경기장에는 도핑관리실을 두어 도핑관리가 체계적으로 이루어질 수 있게 하였다. 아울러 사전 미통지를 원칙으로 700건의 소변검사와 50건의 혈액검사를 계획하며 도핑 없는 대학생들의 축제로 만들고자 노력했다.

무엇보다 대회 참가자가 프로선수가 아닌 대학생을 주축으로

하고 있어 적발보다 교육에
중점을 두었다. 그 일환으로
광주 하계유니버시아드대회
조직위는 국제대학스포츠연
맹 및 세계도핑방지기구와 공
동으로 도핑방지 교육 프로그
램과 교재를 개발했다. 이 프
로그램은 스포츠 전공자는 물
론 일반인 수준에서 활용할
수 있는 입문서로 구성하였으

2015 광주 유니버시아드
도핑검사관

며 영어와 한국어, 프랑스어, 러시아어, 스페인어 총 5개의 언어로
제공되었다.

또한 이해를 돕기 위해 다양한 시청각 자료를 추가로 제공하고,
올바른 도핑방지 교육 프로그램인 'E-러닝 허브'를 공식적으로 열
었다. 이는 현재 세계도핑방지기구의 AEDL(Anti-Doping Education
and Learning platform)의 시초이기도 하다.

스포츠에서의 도핑관리 중요성은 인지하고 있었으나 도핑방지
를 체계적으로 다루는 교육 교재가 없었던 현실에서 이와 같은 교
재가 나왔다는 건 큰 의미가 있다고 할 수 있다.

19 프로스포츠와 전국체육대회

프로스포츠 속 도핑

스포츠 도핑에도 사각지대가 있었다. 바로 야구를 비롯한 프로 선수들이다. 2016년 국민체육진흥법에 따라 법이 제정되기 전까지 는 프로야구와 프로농구와 같은 프로선수들은 도핑검사를 받아야 할 법적인 근거가 없었다. 따라서 야구의 경우 한국야구위원회 내 부의 도핑위원회가 선정한 선수만을 검사하곤 했다.

하지만 한 국가대표 선수의 도핑 사실이 수면 위로 올라오며 프 로선수들도 도핑검사를 받아야 한다는 주장이 힘을 얻었다. 이후 프로스포츠도핑방지규정이 제정되어 한국도핑방지위원회는 도핑 검사 대상 선수를 직접 선정할 수 있게 되었고, 프로스포츠 단체가 마련한 자율 규정과 자체 도핑검사가 아닌 한국도핑방지위원회의 계획하에 도핑검사를 실시하게 되었다. 현재 한국도핑방지위원회

프로스포츠 경기별 도핑검사 규정

구분	공식경기		경기기간 외 (리그기간 중 경기기간 중이 아닌 경기
	경기기간 중 (리그 또는 단일경기 또는 대회)		
프로야구 (KBO)	KBO 시범경기, 정규시즌, 포스트시즌, KBO 퓨처스리그		올스타전
프로농구 (KBL)	시범경기, 정규경기, 플레이오프 경기, 컵대회		올스타전
여자프로농구 (WKBL)	정규경기, 플레이오프 경기		올스타전
프로배구 (KOVO)	시범경기, 컵대회, V-리그(정규리그, 준플레이오프전, 플레이오프전, 챔피 언결정전 포함)		올스타전, 국제경기 (팁매치 등)
프로골프/프로여자골프 (KPGA/KLPGA)	투어대회, 회원선발전, 시드전* 골프 종목은 공식경기에 대한 별도 자체 규 정 없음** 단일경기 또는 대회의 시작 일 전날 오후 11:59부터 마지막 경기 (시료채취) 종료일 까지-		–

출처: 한국도핑방지위원회 '2022 프로스포츠 도핑방지가이드북

는 프로야구부터 프로골프까지 다양한 프로스포츠 도핑검사를 시
행하고 있다.

　프로스포츠는 매년 신인 지명 선수가 되었을 때 전원 도핑검사
를 실시하게 된다. 2023년 신인 지명 선수 도핑검사에서는 선수 전
원이 음성 판정을 받는 긍정적인 결과를 가져오기도 했다.

2021년 한국도핑방지위원회 연간보고서에 따르면 프로스포츠의 도핑방지규정 위반 건수는 프로야구 2건, 프로골프 1건으로 총 3건이 보고되었다. 이에 대한 제재로 프로야구는 정규시즌 50% 기간 출전정지, 프로골프는 6개월 동안의 출전정지가 주어졌다.

프로스포츠연맹은 도핑방지규정 위반이 결정되면 선수의 과실 정도를 따져 경기 출전을 정지하는 징계가 내려지고 있다. 제재는 선수의 과실 정도를 판단해 감경을 적용하기도 하지만 설사 고의성이 없다고 하더라도 본인 몸에서 금지약물이 검출되면 도핑방지규정 위반에 대한 엄격한 제재를 받고 있다는 것을 잊지 말고 공정한 스포츠를 위해 본인 스스로가 노력해야 한다.

전국체육대회 속 도핑

세계의 가장 큰 스포츠 종합 경기대회가 올림픽이라면 한국의 가장 큰 스포츠 종합 경기대회는 전국체육대회, 즉 전국체전이다. 전국체육대회는 전국 각 시도를 중심으로 매년 가을마다 도시를 옮겨가며 치러진다. 1920년 개최된 제1회 전 조선야구대회를 기원으로 삼고 횟수를 세어 왔으며 2023년 104회 전국체육대회가 열렸으니 100회 이상 이어온 한국 스포츠 역사 그 자체라고 할 수 있다.

올림픽에서는 정식 종목에 개최국 선택 종목을 더해 진행하고 있다면 전국체육대회에서는 정식종목과 시험종목을 더해 진행하고

1920년 전 조선야구대회 경기 모습

출처: 매일신보

있으며 시험종목의 경우 메달을 인정하지 않는다. 그렇게 2023년 개최된 104회 전국체육대회는 정식종목 47개와 시범종목 2개로 진행됐다.

다양한 종목이 진행되는 만큼 도핑 문제도 끊이지 않고 있다. 보디빌딩은 전국체육대회 정식 종목이었으나 도핑 적발로 2019년 100회를 맞는 전국체육대회에서 시범종목으로 강등당했다. 보디빌딩은 2000년대 중반부터 대규모 도핑 적발 사례가 많았는데 2011년 전국체전에서는 금지약물 양성반응이 나오지 않아 자정 노력이 효과를 보이는 듯 했으나 2017년 또다시 적발 선수가 나오면서 결국 2019년 메달을 인정받지 못하는 시범종목으로 전환되었다.

출처: 한국도핑방지위원회

 선수들의 도핑관리 과정의 편의를 돌보기 위한 시도도 계속되고 있다. 한 예로 울산에서 열린 103회 전국체육대회에서는 컨테이너 박스를 활용한 '이동형 도핑관리실'이 도입되기도 했다. 국내에서 진행되는 대회의 경우 도핑관리실을 따로 마련하기 어려울 때도 있는데 그렇게 되면 선수들이 공중화장실과 검사실을 번거롭게 오가야 했다. 이런 불편함을 덜어주기 위해 도입된 것으로 실제로도 선수들의 만족도가 높았다.

20
경기기간 중
검사와 경기기간
외 검사

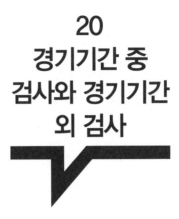

'8년 자격정지'. 세계적으로 이름을 알린 한 수영 선수가 도핑검사 회피로 받은 제재이다. 도핑의 세계는 모두 경기기간 중과 경기기간 외로 나뉜다. 금지약물도 경기기간 중과 경기기간 외가 다르듯 검사 과정 또한 다르다. 앞서 경기기간 중 도핑검사는 일반적으로 선수가 참가하기로 예정된 경기의 전일 오후 11시 59분부터 해당 경기 및 그 경기에 관련된 시료채취 절차가 끝나는 시점까지의 기간을 의미하며 이 기간 동안 선수의 체내에 경기기간 중 금지약물이 존재해서는 안된다고 설명했다. 올림픽과 전국체육대회를 설명하며 들었던 예시들의 대부분이 경기기간 중 검사에 해당한다.

그리고 경기기간 외 검사는 경기기간 중이 아닌 기간의 도핑검사를 의미하며 앞서 언급한 수영 선수의 사례가 바로 이 경기기간 외 검사에서 일어났다. 2018년 당시 선수의 자택에서 도핑검사를 진행하였으나 혈액과 소변시료를 채취하는 과정에서 도핑검사관과 문제가 발생하였고 선수가 채취된 시료를 고의로 훼손하며 도핑검사를 거부한 것이다.

이처럼 경기기간 외 검사는 훈련장과 집을 비롯하여 선수의 위치가 파악되는 모든 장소가 될 수 있고 선수는 사전 통지 없이 불시에 검사를 요청받을 수 있다. 이를 위해 검사대상 명부 및 검사대상 후보명부에 포함된 선수는 소재지정보를 제출할 의무가 있다.

실제로 경기기간 외 검사는 사전 통지 없이 진행되기 때문에 왜 도핑검사를 하러 왔냐고 의아해 하는 선수도 있고 "미리 도핑검사 한다고 말해주면 제가 화장실 안 갔죠."라고 말하는 선수도 있다.

도핑검사는 어떤 경우든 사전미통지 원칙으로 검사를 실시하지만 도핑검사관 관점에서 보면 경기기간 외 검사는 경기기간 중 검사에 비해 지켜야 하는 원칙들이 더 많다고 느껴질 때도 있다. 아시안게임이나 올림픽과 같은 큰 대회에서는 선수가 도핑검사를 받게 될 수도 있다는 사실을 쉽게 예측할 수 있지만 경기기간 외 검사의 경우 불시에 이루어져야 함으로 선수나 관계자가 도핑검사관의 도착을 미리 알 수 없도록 동선을 정해 정확하게 움직여야 한다.

특히 검사대상명부에 해당하는 선수들은 검사 가능한 '특정 60분'을 제출하도록 되어 있기 때문에 도핑검사관도 이 정보를 잘 활용할 필요가 있다. 소재지정보를 확인할 수 있는 도핑방지행정관리

시스템 ADAMS에 접속해 선수 소재지에 변동이 있는지 수시로 확인하고 소재지를 확인했다면 장소가 어디인지, 어떻게 이동할 것인지, 이동 시간이 얼마나 걸리는지 등을 미리 파악하고 '특정 60분'에 기재된 시간보다 30분 전에 현장에 도착해 있어야 한다. 하지만 선수가 제공한 '특정 60분'이 시작되기 전부터 선수를 찾아 다녀서는 안 된다. 자칫 선수가 도핑검사를 회피할 목적으로 소재지정보를 검사 직전에 변경할 수도 있기 때문이다. 흡사 잠복수사와 비슷하다.

이쯤되면 '만약 이런 노력에도 선수를 찾지 못하면 어쩌지?'라는 생각이 들 수도 있다. 끝내 선수를 찾지 못했다면 '검사시도실패보고서'를 작성해 한국도핑방지위원회에 보고하면 된다. 그리고 관계자 등으로부터 선수를 찾을 수 있는 실질적인 도움을 받았다면 정보 제공자의 성명, 신분 등을 포함한 자세한 내용을 '추가보고서'에 기재하면 된다.

도핑검사관은 단순히 소변이나 혈액시료를 채취하는 것에서 그치는 것이 아니라 국제 기준에 맞게 검사를 진행하고, 현장 상황을 입체적으로 파악해야 한다. 그리고 이런 점이 도핑검사관이 '스포츠 경찰관'이라고도 불리는 이유라고 생각한다.

코로나19와 도핑

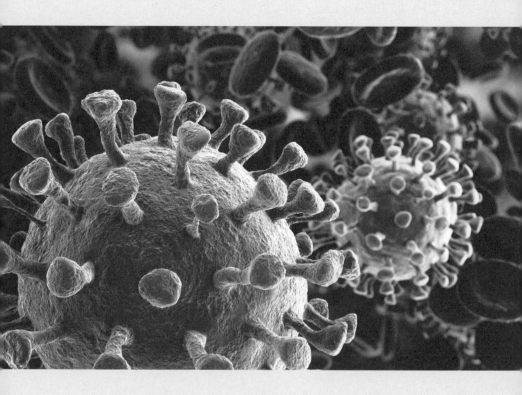

전 세계를 뒤흔든 코로나 팬데믹. 2020년에 처음 발생해 체온 측정과 마스크 없이는 아무 곳도 들어갈 수 없었던 절정기를 지나 일상적인 질병이 된 지금까지, 이제는 먼 과거 이야기처럼 느껴지기도 하지만 코로나19가 우리의 일상을 바꿨다는 것에 이견은 없을 것이다. 사람들끼리의 접촉을 최소화하기 위해 직장에서는 재택근무제가 도입되었고, 학교는 비대면 수업으로 시스템을 전환했다. 그리고 스포츠도 코로나19 영향을 피할 순 없었다.

많은 인원이 모이기 어려웠기에 올림픽 등 대규모 대회들이 취소되거나 연기되었다. 스포츠 강국으로 알려져 있는 중국은 도핑검사를 일시 중단하겠다고 발표했다. 국제검사기구 역시 도핑방지 활동의 중요성을 알고 있지만 현재로서는 공중 보건을 유지하는 것이 더 중요하다며 중국의 결정에 힘을 보탰다. 북한 또한 코로나19 대유행을 이유로 국경을 완전히 봉쇄하면서 3년 이상 약물 검사를 전혀 진행하지 않은 것으로 알려졌다.

하지만 세계도핑방지기구는 도핑검사 중지에 관해 다소 유보적인 입장을 발표했다. 코로나19라는 전염병이 확산하는 상황임에도 적절한 검사는 불가피하다는 것이다. 신종플루, 메르스 등 전염병이 문제가 되었던 상황이 이번이 처음이 아니라는 것이 이유였다.

이런 입장에 힘을 실어주는 이들도 있었다. 영국의 한 매체는 도핑검사가 상당히 감소한 덕분에 2020 도쿄 하계올림픽을 준비하던

약 1천 여 명의 선수가 금지약물 복용을 들키지 않았다고 보도하는 등 코로나19로 인해 도핑검사에 사각지대가 있을 수 있음을 지적하기도 했다.

도핑검사 이전에 선수는 물론이고 도핑검사관의 건강과 안전이 최우선적으로 고려되어야 한다. 이는 세계도핑방지기구는 물론이고 국제경기연맹이나 각 나라의 도핑방지기구가 취해야 하는 절대적 가치일 것이다.

한국도핑방지위원회 역시 코로나19 예방 및 확산 방지를 위해 정부의 방침에 따라 '코로나19 대응 도핑검사절차 매뉴얼'을 내놓았다. 바이러스 확산을 방지하기 위한 소독과 거리두기 등 전염병이라는 상황을 고려하면서도 도핑검사를 진행할 수 있도록 지침을 세우고 도핑검사운영계획을 일부 축소 조정해서 운영했다. 또한 검사에 배정된 도핑검사관은 무조건 코로나19 검사를 의무적으로 받도록 했으며 검사결과에서 문제가 없는 도핑검사관만을 현장에 배치했다.

코로나19가 우리를 덮친 상황에 한국도핑방지위원회나 국제경기연맹 등 검사대상등록명부에 포함되는 선수는 기존과 같이 최신 소재지정보를 지정된 시스템(ADAMS)에 제출해야 하고 코로나19로 인해 자가격리 중이거나 감염이 의심되는 선수는 소재지정보 제출 시 해당 내용을 '추가정보'란에 기록하도록 했다.

아울러 경기기간
외 도핑검사는 '사전미
통지'를 원칙으로 하나
특수한 상황이니만큼
방역대책 및 출입인원
통제로 사전미통지가
불가능할 경우 시설 담
당자에게 통지를 요청
하여 검사를 진행하고
검사관보고서에 해당
내용을 기재하는 등 절
차를 일부 조정했다.

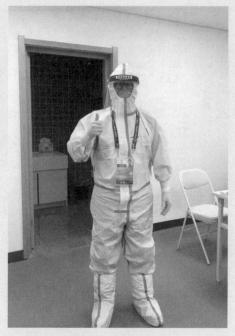

코로나19 속 도핑검사 준비

코로나19 대응 도핑검사절차 매뉴얼 제작 및 배포, 도핑검사관
에게 방역 물품 지원, 고위험종목, 검사대상명부 선수 등에 대한 지
속적인 검사까지 코로나19에 대응하기 위해 또 도핑을 억제하기 위
해 다방면에서 노력이 이루어졌다.

코로나19 절정기와 시기가 겹쳐 개최가 1년이 밀리는 우여곡절
을 겪은 2020 도쿄 하계올림픽은 그만큼 철저히 대비했다. 무관중
으로 진행한 것은 물론이고 최초로 종이 없는 도핑검사를 시행하기
도 했다. 그리고 또 한 가지, 안전한 올림픽 개최를 위한 '플레이북

거리두기 중인 2022 베이징 동계올림픽 선수촌 내 검사실

(Playbook)'을 발간했다. 플레이북은 올림픽 참가자들이 일본으로 출국하기 전부터 입국했을 때, 대회 참가 중에, 본국으로 출국할 때까지 전 과정에서 따라야 하는 코로나19 방역 수칙 및 가이드라인을 명확히 제시했다. 또한 선수, 임원, 언론, 현장인력 등 올림픽에 참여한 모든 분야의 관계자들을 위한 별도의 플레이북을 제작해 관계자들의 혼선을 최소화하기 위해 노력했다.

이처럼 다양한 논의가 오가는 와중에 도핑검사관으로 참여하며 어려움도 많이 겪었다. 선수들과 축하의 악수조차 나눌 수 없었고 도핑관리실 소독부터 개인 방역, 연일 이어지는 코로나19 검사까지 추가된 규정에 따라 오염되지 않은 도핑관리를 이루기 위해 힘썼다. 그런데 코로나19 백신은 금지약물이 아닐까?

도핑방지규정에 따르면 건강상의 이유로 금지약물 복용이 필요한 경우에는 치료목적사용면책을 반드시 신청하도록 되어 있다. 이는 코로나19 확산 시기에도 동일하게 적용되었으며 세계도핑방지 기구는 코로나19 백신 도핑방지규정에 위배된다고 생각하지는 않았지만 매우 낮은 확률까지 대비하여 백신에 금지약물 성분이 있는지 시험하였고 결과적으로 금지약물로 규정하지 않았다. 이는 한국 도핑방지위원회의 금지약물 검색서비스를 통해서도 확인이 가능하다.

성분			금지약물 정보	
성분명(영문)		성분명(한글)	경기기간 중	경기기간 외
SARS-CoV-2 mRNA vaccine	동의어	사스코로나바이러스-2mRNA 백신 성분정보	○ 허용	○ 허용
SARS-CoV-2 Vaccine (Surface Antigen, Recombinant)	동의어	사스코로나바이러스-2표면항원백신(유전자재… 성분정보	○ 허용	○ 허용
SARS-CoV-2 Virus Vector Vaccine	동의어	사스코로나바이러스-2바이러스벡터백신 성분정보	○ 허용	○ 허용

경기기간 중과 경기기간 외 모두 사용가능한 코로나19 백신

출처: 한국도핑방지위원회

앞으로도 전염병은 또 다른 형태로 우리에게 다가올 것이다. 세계도핑방지기구를 비롯해 각 나라 관련 기구에서는 선수 등 공중의 보건과 안전을 확보하면서도 스포츠 경쟁에서의 투명하고 공정함을 확보하려는 노력의 밸런스를 어떻게 유지할 것인지에 관해 고민이 필요한 시점이다.

도핑검사관이 말하는
도핑검사관 이야기
– 김나라

"도핑검사관은 선수들의 건강을 보호하고
정정당당한 스포츠 경기와 스포츠 가치를
지켜나가는 사람들입니다."

1

간단한 자기소개를 부탁드립니다.

안녕하세요. 전 기계체조 국가대표 선수 김나라입니다. 저는
2006년 한국도핑방지위원회 설립 이후 첫 번째 기수 도핑검사관
으로 선발되어 현재까지 15년 넘게 도핑검사관과 도핑방지 전문교
육강사 그리고 선수위원으로 활동하고 있으며 대한체조협회 미래

전략위원회 부위원장을 맡고 있습니다.

2 / 도핑검사관이 된 계기가 무엇인가요?

어릴 때 우연히 본 여자 체조 선수에 마음을 빼앗겨 물구나무를 섰던 저는 1986년 겨울, 최연소 기계체조 선수로 가슴에 당당히 태극마크를 단 국가대표 선수가 되어 태릉선수촌에 입성했습니다. 국가대표 선수 시절 가장 힘들었던 건 체중 조절이었습니다. 매일 새벽 운동 전에 체중을 재고 조금이라도 늘었으면 운동장을 10바퀴씩 뛰어야 했죠. 토요일 하루 집에 외박이라도 다녀오면 다음 날 항상 체중이 늘어 그 체중을 빼느라 고생했던 기억밖에 없습니다. 그러던 어느 날 이뇨제를 먹으면 체중이 잘 빠진다는 소문을 듣게 되었고 체중 때문에 스트레스를 받아왔던 저는 그 약을 구하려고 노력했으나 결국 약은 구하지 못했습니다. 다행인지 불행인지 그 당시만 해도 도핑에 대한 인식이 무지하였고 도핑검사 또한 원활하게 이루어지지 않았기 때문에 가능한 시도였습니다. 지금이라면 상상도 못할 시도이고 당시에 약을 구하지 못해 다행이라고 생각합니다.

그렇게 체조 선수 시절을 보내고 2006년 11월 한국도핑방지위원회가 설립되었을 때 자연스럽게 2007년도 첫 번째 기수로 도핑

검사관이 되었습니다. 아마도 무의식 중에 후배들에게 약물에 대한
부작용과 경각심을 전달해주는 메신저 역할이 되어야겠다는 생각
이 컸던 것 같습니다.

3 /
지금까지 참여하셨던 대회와 업무를 소개해주세요.

2007년 한국도핑방지위원회의 1기 도핑검사관이 된 후 국내·
외를 오가며 많은 도핑검사를 해왔습니다. 국제대회는 2011 대구
세계육상선수권대회를 시작으로 2014 인천 아시안게임, 2018 평창
동계올림픽, 2020 도쿄 올림픽, 2022 베이징 동계올림픽과 항저우
아시안게임까지 많은 메이저 대회의 도핑검사에 참여할 수 있는 기
회를 얻을 수 있었습니다. 맡은 업무는 대회마다 달랐지만 대체적
으로 국제도핑검사관 업무와 선수촌 등에서 도핑검사관들을 도와
주는 매니저 역할을 했습니다. 2024 파리 올림픽에도 국제도핑검
사관으로 선발되었으며, 국내경기와 국제경기 모두에서 스포츠의
가치를 지킨다는 마음으로 활동하고 있습니다.

4 /
도핑검사관으로 활동하면서 기억에 남는 경험이 있나요?

2022 베이징 동계올림픽에서 도핑검사관으로 일했을 때 선수
촌에 한국도핑방지위원회에서 온 도핑검사관이 파견 나왔다는 소
문이 났는지 한국 선수들이 도핑검사를 하러 올 때마다 한국인 도
핑검사관인 저를 찾았습니다. 타국에서 우리나라 선수들을 위해 도
핑검사는 물론 영어 통역까지 도와줄 수 있어서 소중했던 시간이었

습니다. 그중 가장 기억에 남는 에피소드는 오전 6시부터 오후 3시까지의 제 업무를 마치고 호텔로 돌아가 쉬고 있었을 때입니다. 중국도핑방지위원회 도핑검사 매니저에게 화상 전화가 걸려왔습니다. 내용을 들어보니 선수촌으로 도핑검사를 하러 왔는데 한국 선수가 언어소통 등의 이유로 한국인 도핑검사관에게 도핑검사를 받고 싶어한다는 내용이었습니다. 하지만 그 당시 코로나19로 인해 버스 스케줄이 제한적이어서 제가 다시 선수촌으로 갈 수 있는 상황은 아니었습니다. 그래서 도핑검사관이 된 이레로 처음으로 화상 도핑검사를 진행하였습니다. 검사 대상자가 남자 선수였기 때문에 도핑 입회는 동성의 외국 도핑검사관이 진행하였으나 그외 도핑검사 진행에 있어서는 화상을 통해 영어 통역 및 검사 진행을 도와주었습니다. 화상을 통한 도움이 저에게는 신기하기도 하고 새롭기도 한 도핑검사 경험이었습니다.

5

도핑검사관이 되고 싶은 사람들이 갖추어야 할 가치관 혹은 업무 능력이 있다면 말씀해 주세요.

깨끗하고 공정한 스포츠에 대한 인식을 가지고 있어야 하며 언어 능력도 중요하다고 말씀드리고 싶습니다. 제가 여러 올림픽에서 도핑검사 업무를 할 수 있었던 것도 아마 영어를 자유롭게 구사할

2020 도쿄 하계올림픽

2022 베이징 동계올림픽

수 있었기 때문이라고 생각합니다. 또한 도핑의 지식뿐만 아니라 스포츠에 대한 전반적인 지식도 갖추고 있다면 도핑방지에 대한 이해가 훨씬 빠를 것입니다. 이처럼 본인이 관심 있는 영역의 지식과 이해력을 넓히고 국제적 동향을 살펴본다면 훌륭한 인재로 거듭날 수 있을 것입니다.

2024 강원 동계청소년올림픽

SPORTS

Chapter 7.

도핑방지 활동

SPORTS & DOPING

21
세계에서의
도핑방지 활동

세계도핑방지규약(World Anti-Doping Code)에 보면 'Strict Liability', 즉 엄격한 의무 또는 책임이라는 개념이 나온다. 이는 선수의 고의나 과실, 부주의 등과 상관없이 선수의 시료에서 금지된 약물의 성분이 나오면 전적으로 선수의 책임이란 것이다.

물론 도핑방지는 기본적으로 선수의 노력에서 시작되어야 한다. 이 약물을 복용하는 것이 또는 의심을 살 만한 행위가 자신과 주의 사람들에게 어떤 영향을 미칠지를 늘 생각하고 이것이 과연 올바른 방법인지 묻고 또 물어야 한다.

하지만 좋은 기록과 성과를 내야 하는 선수와 지도자 입장에서는 도핑이라는 악마의 손길을 거부하기 어려울 수 있다. 도핑을 퇴치하기 위해서는 단순히 제재를 부과하는 방식으로는 한계가 있다. 선수가 어렸을 때부터 성인 선수로 성장하는 모든 과정에서 지도자와 학부모의 역할은 어떠해야 하는지, 협회나 연맹의 예방정책과 스포츠 비즈니스 업계의 올바른 역할이 필요하고 도핑검사기구 및 분석기관의 역량 강화 등 다각적인 차원에서 도핑을 방지하겠다는 방향 전환이 필요하다. 이번 장에서는 세계도핑방지규약 하에서 운영되고 있는 각 도핑방지기구들이 도핑방지를 알리고 실천하기 위해서 어떤 활동들을 하고 있는지 알아보자.

부탄도핑방지위원회(BADC, Bhutan Anti-Doping Committee)

'작은 고추가 맵다'라는 속담처럼 규모는 작지만 도핑에 진심인 나라가 있다. 바로 부탄이다. 부탄은 아직 국가도핑방지기구가 설립되지 않아 부탄교육부 유소년·체육국 경기·체육과에서 각각 도핑방지 업무를 분담하여 운영하고 있다. 전문 운동선수층이 두껍지 않아 체육대회가 개최되는 시기에만 도핑검사가 이루어지기 때문에 연간 검사 건수는 20건 내외로 적은 편이지만 독립된 국가도핑방지기구로 나아가기 위해 노력하고 있다.

노력의 일환으로 2020년부터 한국도핑방지위원회와 업무협약을 맺었다. 한국도핑방지위원회는 직접 직원을 파견하는 등 도핑방지 교육부터 도핑검사 및 결과관리까지 전반적인 도핑방지 프로그램 개발을 돕고 있다.

중국도핑방지위원회(CHINADA, China Anti-Doping Agency)

한국도핑방지위원회와의 교류를 이야기하면 빼놓을 수 없는 나라가 중국이다. 중국도핑방지기구는 2007년에 설립되어 2014년에 열린 인천 아시안게임과 2018년에 열린 평창 동계올림픽·패럴림픽 대회에 도핑검사관을 파견하는 등 한국도핑방지위원회와의 교류를 이어가고 있다. 그리고 이 교류에 일본도핑방지위원회도 합류해 2021년에는 세 기구가 모여 '2021 한중일 국가도핑방지기구 업무협약'을 체결하기도 했다.

중국도핑방지위원회는 다른 기구와의 교류 외에도 연평균 약 15,000건에 달하는 도핑검사와 분석을 진행하고 있고, 8개의 부서와 세계도핑방지기구의 인증을 받은 국가도핑방지분석기관을 운영하며 탄탄한 도핑방지 활동을 이어가고 있어, 경기 성적뿐만 아니라 도핑방지에서도 놀라운 성장세를 보일 것으로 기대된다.

미국도핑방지기구(USADA, The United States Anti-Doping Agency)

미국도핑방지기구는 2000년에 설립되었으며 결과관리부터 국제협력, 홍보 등 분야를 17개의 파트로 나누어 운영 중이다. 미국도핑방지기구는 파트가 세분화되어 있는 만큼 직원 간의 커뮤니케이션을 가장 중시하고 있다. 사무실 벽면에는 '동료과의 팀워크 정신'

을 새겨놓기도 하고 휴게실에는 아이디어 보드를 설치해 자유롭게 의견을 나눌 수 있게 소통의 장을 마련해두었다.

자유로운 소통에서 창의적인 아이디어가 나오는 것인지 미국 도핑방지기구는 철저한 검사와 함께 선수 대상 도핑방지 인식 조사, 스포츠 가치 교육 프로그램인 'TrueSport' 등 도핑방지를 알릴 수 있는 다양한 프로그램을 운영하고 있다. 금지약물은 '글로벌 드로(Global DRO)'를 통해, 건강보조제 및 보충제는 'Supplement411. org'를 통해 검색할 수 있도록 운영 중이다.

영국도핑방지기구(UKDA, UK Anti-Doping Agency)

영국도핑방지기구는 2009년에 설립된 비정부 공공기관으로 국가 및 국제적 표준에 맞춰 운영되고 있다. 영국도핑방지기구는 도핑검사 후 선수 제재보다는 부주의로 인한 도핑이 줄어들 수 있도록 지원하는 데 목적을 두고 다양한 교육프로그램을 운영 중이다.

선수 지원 인력 프로그램의 일환으로 선수 부모와 보호자를 위한 가이드북을 제작해 도핑에 대한 정보와 함께 도핑 적발 시 책임은 부모나 보호자가 아닌 선수에게 있음을 교육하고 있으며 전국에 40명의 트레이너들을 배치해 보다 적극적으로 활동하고 있다.

지도자 클린 과정(Coach Clean Course)은 모든 선수 지도자들을 대상으로 도핑에 대한 자신의 책임을 이해할 수 있도록 구성된 대

화식 온라인 학습이다. 아울러 이 과정을 통해 지도자들이 2년마다
자격을 갱신하도록 권장해 단기적인 교육이 아닌 책임에 대한 근본
적인 이해가 이루어질 수 있게 노력하고 있다.

그리고 선수들이 도핑방지에 대한 정보를 쉽게 접할 수 있도록
'100%me'라는 프로그램을 어플로 출시했다. 이름에서 알 수 있듯
이 선수들이 도핑이 섞이지 않은 온전한 나로 존재하게 하는 것을
목표로 한다.

22
한국에서의
도핑방지 활동

도핑방지 활동을 하기 위해서는 만들고 운영하는데 헌신하는 사람이 필요하다. 2024년 한국도핑방지위원회에 소속된 도핑검사관은 약 80여 명이다. 도핑검사관의 도핑방지 활동은 2007년 총 1,843건에서부터 2017년 4,739건 그리고 2022년에는 6,617건으로 증가하였다. 도핑방지 활동의 증가는 금지약물 복용에 대한 적발 또는 제재, 검사를 위한 검사가 아닌 도핑으로부터 선수의 건강을 보호하고, 공정한 스포츠에 기여하고자 하는 한국도핑방지위원회의 미션이다.

스포츠 영역에서 절대적 가치는 '승리'였다. 하지만 스포츠 정신이 중요시되며 공정, 화합, 존중 등 추구하는 가치가 다양해지고, 이 같은 변화로 경기력이 결과뿐만 아니라 과정까지 중시되는 시점에서 한국도핑방지위원회는 도핑에 대한 인식을 성장시키기 위해 여러 활동을 진행 중이다.

도핑방지를 위한 교육

"선수들이 처음 접하는 '도핑'은 도핑검사가 아닌 '도핑방지교육'이어야 한다"라는 말처럼 도핑 예방을 위해서는 도핑 교육이 유소년 때부터 필요하다. 이를 위해 한국도핑방지위원회는 도핑방지 교육 전문강사를 선발하여 도핑방지를 위한 교육 및 홍보, 도핑검사 및 절차, 소재지정보 등의 내용으로 교육 및 워크숍을 진행하고 있다.

그리고 도핑방지 교육 및 홍보는 선수 및 선수지원요원(경기관계자 및 지도자)을 대상으로 대면 교육, 온라인 교육, 현장 홍보, 도핑방지 포럼 및 세미나를 통해 체계적으로 실시하고 있다.

직접 대면하여 교육을 들으면 평소 궁금했던 것들을 질문하며 도핑에 대해 더 알아갈 수 있으나 대면 교육에 참여가 어려울 경우 온라인 교육을 통해 도핑방지에 대한 정보를 얻을 수 있다. 온라인 교육은 한국도핑방지위원회 홈페이지를 통해 쉽게 들을 수 있으며 선수부터 지도자, 심판, 그리고 일반인까지 교육 대상을 구분해 놓았다. 교육은 각 대상이 알아야 할 정보들을 중심으로 도핑에 관한 전반적인 내용을 폭넓게 교육하고 있으며 교육을 완료하면 이수증도 발급한다.

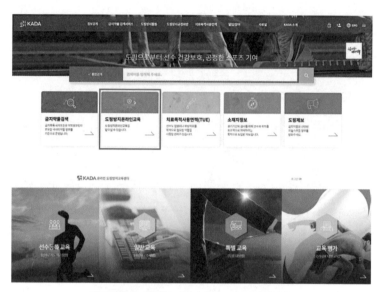

한국도핑방지위원회 홈페이지에서 대상에 맞는
도핑방지 온라인 교육을 제공하고 있다.

출처: 한국도핑방지위원회

대면 교육으로는 도핑예방 보건의료 전문가과정(KADAMP, Korea Anti-Doping Academy for Medical Professional) 교육을 신설했다. 해당 과정은 의사, 약사, 물리치료사 등 보건의료 전문가와 트레이너 등을 대상으로 도핑방지에 대한 기본지식과 정보를 제공하고 나아가 전문가를 양성하는 것을 목표로 한다. 2023년에 처음 진행한 교육은 세계도핑방지 프로그램과 최신 경향부터 보충제와 한약의 위험관리 내용까지 폭넓게 다루며 300여 명이 참여해 성공적으로 마무리되었다.

또한 2023년 세계도핑방지기구 치료목적사용면책 심포지엄에서는 이화여자대학교 약학대학 이정연 교수가 선수들의 건강기능식품과 한약 복용에서 보건의료전문인의 역할을 강조하며 호주도핑방지기구에서 사용하는 가이드에 한약을 접목시킨 상담 가이드를 발표했다. 이 보건의료전문인용 가이드는 도핑 위험도에 따라 제품을 4단계로 구분하며 도핑 위험도가 가장 높은 단계에는 운동 전 보충제, 몸무게 감량 상품 등이 포함됐다.

이처럼 약을 제공받는 선수와 보호자뿐만 아니라 약을 제공하는 의사, 약사 등 보건의료전문가들에게 도핑을 알리고자 하는 움직임이 확산되고 있다. 이 움직임들이 모여 더 큰 도핑방지 커뮤니티를 이루게 될 것이다.

한국의 도핑방지 활동은 클린스포츠의 변화가능성을 보여준다. 한국도핑방지위원회의 도핑방지 활동은 스포츠의 가치를 지향하면서 서서히 변화하고 있다. 선수에게는 도핑금지의 이유를, 선수 보호자에게는 우리의 자녀가 건강한 선수가 되기 위한 과정을, 지도자에게는 시대적 흐름에 따른 스포츠 현장의 가치 지향을 깨닫게 해주는 것을 목표로 하나 이 과정이 수월하게만 진행된 것은 아니다. 변화에 대한 저항이나 여러 장애요소는 성장을 방해하였으나 한국도핑방지위원회는 이러한 어려움을 구성원과 이겨내며 안정적 성장을 지속하고 있다.

도핑 퇴치를 위한 노력

한국도핑방지위원회를 중심으로 한 도핑방지 활동은 단순하게 도핑방지에만 주목한 것은 아니다. 구체적으로 도핑방지 활동은 도핑방지를 위한 교육, 홍보, 정보수집 및 연구, 도핑검사 계획과 수립과 집행, 도핑검사 결과 관리와 안타깝지만 결과에 따른 선수의 제재, 그리고 도핑방지를 위한 국내·외 교류와 협력을 목적으로 설립되었다. 그리고 그 모든 정보를 한 곳으로 모아 관심만 있다면 누구나 쉽게 찾아 볼 수 있도록 시스템화하였다.

앞에서 소개한 금지약물 검색서비스나 교육 외에도 바뀐 금지약물이나 주의사항을 선수, 부모, 지도자 등 다양한 버전으로 만들고 무료로 배포해 선수나 관계자들이 금지약물이나 방법에 손을 대

한국도핑방지위원회에서 배포 중인 교육자료

출처: 한국도핑방지위원회

지 않도록 널리 알리는 데 힘쓰고 있다.

그리고 소량도핑(Micro Doping), 도핑디자이너, 조직적 도핑 등 갈수록 치밀한 방법이 등장함에 따라 적법한 정보 활동과 제보 등 을 바탕으로 조사 업무도 병행하고 있다.

인터뷰, 도핑 제보, 경기력 모니터링, 언론 보도자료 등 여러 가 지 방법으로 정보를 수집, 분석, 평가해 도핑 사례를 적발하는 데 이를 위해 식품의약품안전처, 경찰, 세관 등 전문가로 구성된 조사 위원회 운영을 통해서 유관 기관과도 도핑 정보를 공유하고 있다. 또 도핑 퇴치를 위해 활발히 홍보 중인 것이 바로 '도핑 제보'이다.

스포츠 현장에서 일어나는 일은 스포츠 현장 속에 있는 사람이 제일 잘 알 것이다. 스포츠 현장에서 선수가 금지약물을 투여했거 나 혹은 시도한 것을 목격한 경우, 금지약물을 소지했거나 혹은 거 래한 사람을 알고 있을 경우, 선수에게 금지약물 및 금지방법을 권 유하는 선수지원요원(매니저, 코치, 의사 등) 등 의심스러운 정보가 있 다면 누구나 제보할 수 있다. 도핑 제보는 실명과 익명 모두 가능하 고 수집된 제보자의 개인정보는 안전하게 보관된다.

제보를 할 경우에는 제보 대상자의 이름과 종목, 연락처, 소속, 위반 내용과 함께 사진, 동영상, 녹음 등 증거자료들을 함께 제출하 면 한국도핑방지위원회가 조사 업무를 수행하는 데 도움이 된다. 다만 거짓 제보나 다른 선수를 음해할 목적으로 한 제보는 조사가

한국도핑방지위원회의 도핑 제보 홍보물

출처: 한국도핑방지위원회

진행되지 않거나 중단될 수 있다.

도핑 제보는 스포츠 현장의 불편한 진실을 바로잡고 공정한 스포츠 정신을 구현하는데 도움이 되므로 선수들의 잘못된 판단이나 일탈이 차단될 수 있도록 제보 등 용기 있는 실천이 중요하다.

무엇보다 한국도핑방지위원회의 도핑방지 활동은 국내에서

개최된 메가스포츠이벤트의 중심에 있다. 최근 10여 년의 활동을 보면, 2013년 인천 실내무도아시안게임, 2014년 인천 아시안게임, 2015년 광주 하계유니버시아드대회, 2018년 평창 동계올림픽, 2019년 광주 세계수영선수권대회를 진행하면서 도핑에 대한 지식과 정보, 메가스포츠이벤트에서 도핑방지의 중요성을 보여주었다. 아울러 국제대회에도 도핑검사관을 파견하면서 국내 도핑방지 활동의 저력을 보여주고, 교류하며 도핑을 방지하기 위해 노력하고 있다.

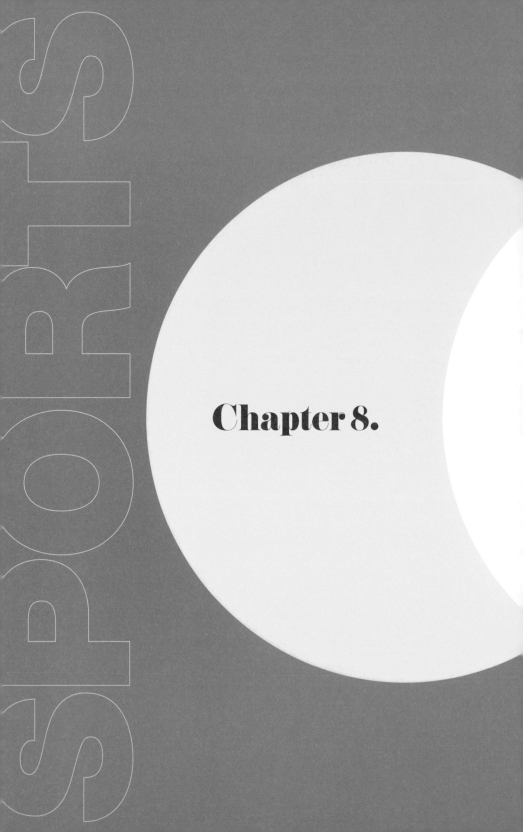

Chapter 8.

도핑의 미래

DOPING

SPORTS & DOPING

23
유전자와 뇌,
진화하는 도핑

전투력을 향상시키기 위해 만든 알코올성 음료 '도프(dop)'에서 경주마에 대한 불법 약물 투여를 뜻하는 의미가 되고, 현재 우리가 아는 도핑이라는 의미를 갖기까지, 한 줄로 요약되는 상황 속에는 많은 사건과 사고, 다양한 논쟁이 있었다.

국제경기연맹이 도핑을 금지하자 인조 합성 호르몬이 발명되며 도핑 문제가 더욱 심각해졌고, 국제사이클연맹과 국제축구연맹이 도핑검사를 도입하자 당시 약물검사 기술로 검출할 수 없는 금지약물들이 널리 확산되었다. 산 넘어 산이라는 말이 어울리는 상황이다.

도핑과 도핑검사는 이처럼 서로 엎치락뒤치락하며 진화해왔다. 지금까지는 도핑이 한발 앞서면 도핑검사가 뒤를 쫓는 모양새였으나 최근 기술의 발전으로 단기적인 도핑검사 외에도 한 선수의 신체 변화 추이를 분석해 도핑이 의심되는 상황을 먼저 분별할 수 있는 시도들이 이어지고 있으며, 도핑의 유혹에 넘어가지 않을 수 있도록 도핑에 대한 교육도 꾸준히 이어가고 있다.

'지피지기면 백전백승'. 적을 알고 나를 알면 백 번을 싸워도 백 번을 이길 수 있다. 이번 장에서는 도핑이 어떻게 발전하고 있는지 알아보자.

우리에게 남겨진 미래 과제, 유전자 도핑

평범한 학생이었으나 몸에서 거미줄을 뿜어낼 수 있게 된 스파이더맨, 입대를 거부당할 정도로 허약한 몸을 가졌으나 세계를 구한 히어로가 된 캡틴 아메리카. 영화 속에서나 보던 유전자 변이가 현실에서도 가능하게 되었다.

이를 가능하게 한 건 바로 유전자 조작 기술이다. 우리 몸에는 25,000개의 유전자가 포함되어 있다. 이 유전자들이 신체 능력을

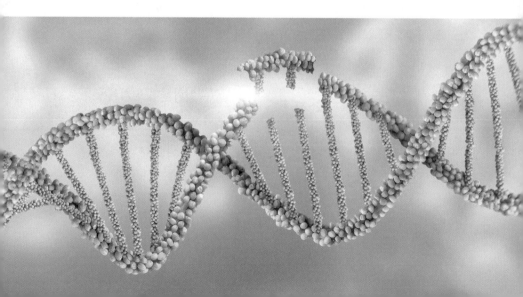

결정하며 성격이나 특성까지도 결정한다. 한마디로 축약하면 우리 몸의 설계도인 것이다. 그리고 최근 이 유전자를 인위적으로 편집할 수 있는 유전자 가위가 개발되었다. 문제는 이 기술을 도핑에도 사용할 수 있다는 것이다. 병이 있는 유전자를 잘라내고 재구성하는 치료 목적이 아니라 직접적으로 유전자를 조작하여 특정 신체 기능을 끌어올려 운동 능력을 높일 수 있는 상황이 된 것이다.

유전자는 기본적으로 몸의 패턴을 만들어준다. 몸은 무엇을 먹느냐 어떤 훈련을 하느냐에 따라 다져지면서 운동 잠재력을 가진 사람이 전문 선수로 나아갈 수 있는 것이다. 유전자 가위는 몸의 패턴을 만들어주는 기본, 유전자의 종류를 바꿈으로서 잠재력을 증대시킨다. 당연한 소리겠지만 유전자 조작에 따른 결과는 약물을 사용했을 때보다 훨씬 더 오래 지속된다. 그리고 원래 상태로 회복될 가능성은 낮다. 그럼에도 불구하고 유전자 조작을 활용한 도핑은 이어지고 있으며 특히 직접적인 유전자 조작보다 간접적인 유전자 도핑은 더 흔히 이루어지고 있다.

대표적인 예로 적혈구생성촉진인자를 이용한 혈액도핑을 들 수 있다. 적혈구 수를 증가시키는 적혈구생성촉진인자인 '에리스로포이에틴'를 만드는 DNA를 몸 속에 넣어 신체능력을 향상시키는 방법이다. 이 방법은 현재 약물 도핑검사로는 발견하기 어렵다고 여러 번 언급했다.

그렇다면 우리는 이 유전자 도핑을 지켜볼 수밖에 없을까? 사실 세계도핑방지기구는 생각보다 빨리 유전자 도핑의 위협을 인지하고 있었다. 2002년 3월 뉴욕에서 유전자 도핑에 관한 워크숍을 개최하고 이 기법이 가까운 미래에 도핑 목적으로 사용될 가능성이 높다는 결론을 내렸다. 그래서 2003년 금지약물 및 방법 목록에 포함하였으며 운동 능력을 향상시킬 수 있는 세포와 유전자 등을 비치료 목적으로 사용하는 것으로 정의하였다. 또한 2004년 유전자 도핑에 관한 전문가 패널을 구성하고 이후에도 수차례의 워크숍과 심포지움을 개최하며 국가 간, 기관 간 사례와 의견을 공유하고 있으며 관련 서적 등을 후원해 유전자 도핑에 대해 알릴 수 있도록 노력하고 있다.

이외에도 자체 연구 프로그램에서 지난 수년간의 유전자 도핑의 잠재적 응용 방법과 그 적발 방법을 연구하기 위해 매년 많은 투자를 하고 있다. 그리고 캘리포니아주 라호야에 새로 만들어진 생물 정보학 시설을 지원해 유전학적 성과를 평가할 수 있는 통합하고 집중된 장소를 마련하기 위해 힘썼다.

앞으로 유전자 도핑에 대한 압박은 더욱 거세질 것이다. 거세지는 압박에 휩쓸리지 않기 위해선 선수나 관련 인물들이 그 위험성을 정확히 인식하고 있는 것이 무엇보다 중요하다. 진정한 스포츠 정신이 무엇인지 되새겨 볼 필요가 있다.

자극의 유혹, 브레인 도핑

미국 스키 및 스노보드 협회는 2016년 한 회사와 협력해 뇌에 전기 자극을 주었을 때 운동 능력이 향상하는지 알아보는 검사를 진행했다. 실험 결과 전기 자극이 궁극적으로 선수의 점프력을 70%, 조정력을 80% 향상했다는 결과를 얻었다.

이 검사에 참여한 회사가 바로 헤일로 뉴로사이언스(HALO, Halo Neuroscience)이다. 이 회사는 헤드폰처럼 생겨 머리에 쓰면 뇌에 전기 자극을 주어 운동 능력을 향상할 수 있는 제품을 개발했다.

이 제품은 두피 위 전극을 통해 뇌 표면에 약한 직류를 흘려보내 자극시켜 신경세포를 활성화시키는 '경두개 직류전기자극'을 활용했다. 쉽게 말해 흘러들어온 직류가 뇌의 운동 피질을 자극하여 뇌에서 근육까지 더 강력하고 최적한 신호를 생성해 일시적 과다형성상태, 하이퍼러닝 상태로 만들어주는 것이다. 이 상태에서는 힘과 기술 모두를 빠르게 습득할 수 있어 올림픽팀뿐만 아니라 프로선수팀, 미군 등에서 실제로 사용되었다.

약물 복용 없이 뇌에 자극을 준 것만으로 운동 능력이 향상되었다면 이것도 도핑으로 봐야 할까? '브레인 도핑'이라고 명명한 데에서부터 답은 나와 있다. 브레인 도핑은 도핑이 아니라고 주장하는 측에서는 선수들이 경기 전 지구력을 얻기 위해 탄수화물을 먹는 것과 비교하며 뇌 자극은 단순히 선수의 학습 능력을 키우는 것과 같다고 말한다.

하지만 우리는 보다 근본적으로 들여다볼 필요가 있다. 앞서 세계도핑방지기구는 다음 조건 중 두 가지를 충족할 경우 도핑에 해당한다고 규정하고 있다고 말했다. 첫 번째는 잠재적으로 유익한 효과가 있는가, 두 번째는 운동선수에게 잠재적 건강 위험을 초래하는가, 세 번째는 스포츠 정신에 위배되는가이다.

첫 번째 조건은 앞서 말한 실험으로 증명되었다. 두 번째는 아직 논란이 지속되고 있다. 경두개 직류전기자극 기술은 건강에 심각한 위협을 주는 것처럼 보이진 않지만 그렇다고 브레인 도핑이 안전함을 보여주는 결과는 아니며 아직 장기간 사용에 대한 부작용 연구 결과가 부족하여 논란의 여지가 남아 있는 것이다. 세 번째 기준의 경우 평등과 공정이라는 스포츠 정신에 위배된다.

첨단 기술은 치료에 지대한 영향을 미치고 있다. 불치병이라 여겨졌던 병을 치료하기도 하고, 기존의 치료 방법을 더 안전하게 만들어주기도 한다. 하지만 이런 기술을 치료 외 목적으로, 스포츠계로 가져와 남용한다면 스포츠 정신과 공정성이 깨질 수 밖에 없을 것이다. 기술의 발전을 어떻게 활용할지에 앞서 스포츠 정신을 기억해야 한다.

기술 도핑, 도움일까 도핑일까

0.01초 차이로 순위가 달라지는 기록의 싸움인 스포츠에서는 항상 '마의 벽'이 존재한다. 마라톤에서는 2시간이 마의 벽이었다. 우리가 알고 있는 마라톤 공인 거리 42.195km가 처음 도입된 1908년 런던 올림픽 당신 최고 기록은 2시간 55분 18초였다. 이후 1935년에는 2시간 26분 42초, 1965년에는 2시간 12분, 1999년에는 2시간 5분 42초를 지나 2023년 시카고 마라톤에서는 케냐의 켈빈 키프텀 선수가 2시간 00분 34초로 세계 신기록을 세웠다. 그렇다면 마라톤 풀코스를 마의 벽인 2시간 내로 완주하려면 어떤 조건이 필요할까?

1908년에서 2023년까지. 100여 년의 시간 동안 한 시간 가까이 되는 시간을 줄였던 것처럼 선수들이 열심히 훈련해 기록을 단축시킬 수 있다. 하지만 훈련을 통한 기록 경신에 한계가 있다면 다른 방법으로 눈을 돌릴 수 있다. 바로 과학 기술이다.

우리 몸에 직접적인 영향을 주는 약물에는 의학이 영향을 줬다면 과학은 우리 몸을 보조하는 데 사용될 수 있다. 가볍고 탄성이 좋은 기능성 신발을 신는 것이다. 이를 통해 2시간도 돌파 가능하다는 게 스포츠계의 의견이다.

실제로 2019년 오스트리아 빈에서 열린 마라톤 대회에서 케냐의 엘리우드 킵초게 선수는 42.195km 코스를 1시간 59분 40초라는 기록을 세웠다. 비록 비공식 경기로 기록을 인정받지는 못했지

만 최초로 마의 벽을 넘은 것이다. 그의 성공비법은 운동화에 있었다. 그가 신은 나이키의 '에어줌 알파플라이 NEXT%'는 나이키에서 킵초게 선수를 위해 특수 제작한 마라톤화이다. 이 운동화에는 탄소 섬유판이 삽입돼 있어 선수의 추진력을 10% 이상 높여주는 것으로 알려져 있다. 이뿐만이 아니다. 2020 도쿄 하계올림픽 남자 육상 100m에서 1위를 한 선수도 기능성 운동화를 신고 있었고, 2020년 미국 마라톤 올림픽 대표 선발전에서 1위를 한 선수부터 3위를 한 선수까지 모두 기능성 운동화를 신고 있었다. 이는 비단 나이키 운동화만의 이야기가 아니다. 다른 브랜드에서도 신기술을 적용한 운동화를 출시하며 기술 도핑에 대한 논란이 커지고 있다.

기술 도핑이 처음 언급된 건 수영에서였다. 전신 수영복은 근육을 압박해 선수의 몸을 유선형으로 만들어 물의 저항을 감소시키고 부력을 높여주는 효과를 가지고 있다. 2000년 시드니 올림픽에서 호주의 한 선수가 전신수영복을 입고 3관왕에 오르면서 전신수영복의 기능이 알려졌고, 선수들은 전신수영복을 찾기 시작했다. 이에 수영복 브랜드들도 전신 수영복 개발에 열을 올렸다. 그렇게 성능이 더 좋은 전신 수영복은 계속해서 출시되었고 나중에는 소재를 이용한 기술까지 개발되면서 2009년 로마 세계수영선수권대회에서 43건의 세계신기록이 경신되는 기록 아닌 기록을 세우기도 했다. 결국 2009년 국제수영연맹은 전신 수영복을 금지하였다.

스포츠는 기록의 싸움이다. 많은 선수들이 스스로의 기록을 넘어서기 위해 노력하고 있다. 동시대의 선수들보다 더 좋은 기록을 내기 위해, 과거의 선수들의 기록을 앞서기 위해 많은 노력을 한다.

그만큼 기록의 공정성과 정확도에도 많은 관심이 쏠릴 수밖에 없다. 실제로도 축구의 VAR, 펜싱이나 태권도에서의 득점 감지 센서 등 과학 기술을 스포츠에 접목하며 좀 더 공정한 스포츠계를 만들려는 움직임은 이어지고 있다. 또 선수들의 운동 능력을 좀 더 세세하게 분석하고 맞는 훈련법을 찾아내 선수들의 기량을 높이기 위한 움직임도 활발하게 이루어지고 있다. 하지만 모든 일에는 어두운 면이 숨어있기 마련이다. 선수의 기량이 아닌 운동복이나 운동화 등 외부 요인에 따라 승리가 결정되어선 안 된다.

24
진화하는
도핑관리

1984년 로스앤젤레스 올림픽에서 눈부신 활약을 펼친 팀이 있다. 총 아홉 개의 메달을 획득한 미국 자전거 대표팀이었다. 엄청난 기록 뒤에는 이를 이끈 감독이 있었다. 그는 공을 인정받아 미국자전거 연맹이 선정한 '올해의 인물'이 되기도 했다. 그러나 그 다음 해 모든 상황은 역전되었다. 대표팀이 수혈로 경기력을 끌어올렸다는 기사가 나오기 시작한 것이다.

이는 앞서 설명한 혈액도핑 사례다. 현재는 혈액도핑으로 명명하지만 당시에 혈액은 약물이 아니기 때문에 도핑 기준에 해당되지 않았다. 혈액도핑을 검출할 방법 자체가 존재하지 않았다. 하지만 이 사건으로 도핑을 약물이 아닌 물질로 정의하는 계기가 되었으며 도핑관리에도 많은 영향을 주었다.

혈액도핑부터 유전자 도핑, 브레인 도핑까지 도핑은 진화하고 있다. 물론 도핑방지 기관들 또한 가만히 손 놓고 지켜보고만 있지 않는다.

도핑방지행정관리시스템은 무엇인가?

진화하는 도핑과 국가 단위로 이루어진 러시아의 도핑 파문 이후 전 세계의 스포츠 도핑 흐름은 급변했다. 이중 가장 눈에 띄는 대목은 인공지능을 활용한 스마트한 도핑검사이다.

세계도핑방지기구는 인공지능을 활용한 자료 수집, 데이터 분석과 종이 없는 도핑검사를 통한 자동화된 도핑검사를 구축해 모든 정보를 도핑방지행정관리시스템(ADAMS)과 직접 연결할 수 있게 하였다.

이 시도에는 국가도핑방지위원회와 국제경기연맹, 인터폴, 세계도핑방지기구 정보수사와 같은 다양한 관련자들이 함께 했다. 그만큼 경험, 전문성, 운영 데이터까지 안전하게 공유할 수 있게 됐으며 이는 많은 순기능을 낳았다.

첫 번째는 세계도핑방지기구의 가장 큰 고민이었던 방대한 선수 데이터 분석 문제를 해결했다. 덕분에 인공지능을 활용해 의심의 여지가 있는 선수를 빠르게 찾아내 추가 조사를 진행할 수 있게되었다. 물론 인공지능이 도핑 의혹 선수에 대한 유·무죄를 판단할 수는 없지만 검사를 효율적으로 할 수 있다는 것만으로 엄청난 변

도핑방지행정시스템(ADAMS)은 전 세계의 도핑방지기구를 연결한다.

화라고 할 수 있다.

두 번째는 모든 것이 기록된다는 것이다. 언제, 누가, 어디서 어떻게 도핑검사를 받을 것인지, 또 어떻게 받았는지 모든 것이 기록되고 관리된다. 현재 도핑검사를 독립검사기구에 위임하는 스포츠 단체들이 많아지며 그 규모 또한 커지고 있다. 각 경기연맹들은 독립 검사기구에 도핑검사를 위임하고, 세계도핑방지기구가 가맹기구들의 준수사항을 감시하고 이를 제재할 수 있는 능력을 갖춤으로써 더 체계적으로 운영될 것으로 기대된다.

도핑방지행정관리시스템은 어떤 기능을 하는가?

도핑방지행정관리시스템의 첫 번째 역할은 선수 소재지정보 모듈이다. 이 시스템은 웹을 기반으로 하고 있어 선수들이 언제 어디서나 소재지정보를 입력하고 수정할 수 있다. 특히 2013년에는 모바일 앱으로도 나와 더욱 간편화되었다. 이렇게 등록된 정보는 전 세계 도핑방지기구들에게 공유되어 선수가 소재지정보를 여러 번 입력할 필요가 없다. 또 선수 보호자 등 대리인을 지정해 책임을 위임할 수 있는 기능도 있어 선수가 직접 입력이 어려운 경우도 대비할 수 있다는 장점도 있다.

두 번째 모듈은 검사계획수립과 결과관리모듈이다. 경기기간 중이나 경기기간 외나 도핑관리 프로그램을 구성하고 관리하는데 도핑방지행정관리시스템에서 제공하는 정보는 매우 중요한 역할을 한다. 제공하는 정보를 바탕으로 검사를 계획하고, 조율하고, 주문하고 검사 결과를 관리할 수 있다. 이를 활용하면 검사기관, 분석기관 등 도핑방지 커뮤니티 사이의 소통을 원활히 할 수 있고, 이는 검사 과정 또한 원활하게 만들어 준다.

세 번째는 분석기관 결과 모듈이다. 세계도핑방지기구의 인증을 받은 분석기관은 반드시 이 시스템을 통해 검사 결과를 제출해야 한다. 시스템을 통해 제출된 검사 결과는 기타 다른 과정을 거치지 않고 결과관리기구로 전해지며, 이 시스템을 관리하는 세계도핑

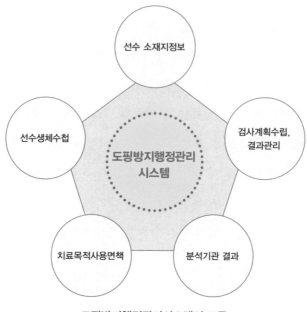

도핑방지행정관리시스템의 모듈

방지기구가 자동으로 개입해 모든 절차와 관리가 투명하게 이루어

지게 된다.

네 번째 모듈은 치료목적사용면책 모듈이다. 이 기능은 치료목

적사용면책의 요청에 대한 통지와 온라인 관리를 손쉽게 할 수 있

도록 도와준다. 선수소재지정보와 같이 치료목적사용면책 정보는

모든 관계자들에게 공유되어 선수는 정보를 한 번만 제출하면 되

며, 치료목적사용면책이 승인되면 승인 결과 또한 모두에게 공유

된다.

다섯 번째는 선수생체수첩(ABP)모듈이다. 선수생체수첩의 기본 원리는 직접적인 기존의 도핑 검출 방식이 아닌 일정 시간에 걸쳐 선택한 요소들을 모니터링하여 도핑의 효과를 간접적으로 검출하는 방식이다. 이 방식을 통해서는 도핑검사로 잡기 어려운 혈액도핑을 파악할 수 있다.

선수생체수첩은 무엇인가?

선수생체수첩은 한 마디로 '선수의 변화를 비교하는 것'이다. 혈액도핑이 방아쇠가 되어 2002년부터 세계도핑방지기구에서 논의되었고, 2009년 12월 세계도핑방지기구의 승인으로 전 세계 도핑방지기구들이 활용하고 있다.

선수생체수첩은 기본적으로 혈액과 스테로이드로 구성된다. 선수들의 혈액과 스테로이드 정보를 얻어 프로파일을 형성하고, 이를 선수생체수첩 관리기구의 선수수첩관리부서(APMU)에 제공해 선수 데이터를 쌓는 것이다. 선수생체수첩과 함께 선수들의 경기력과 관련된 데이터를 기록하는 선수경기력수첩(APP)도 운영 중인데 자신들의 정보가 쌓이는 것을 사생활 침해라고 여기며 반가워하지 않는 선수들도 있었다.

하지만 선수생체수첩은 도핑의 여부와 무관하게 의학적 관점에서 바라봤을 때 선수에게 있을 수 있는 신체적 문제나 장애를 알려

줄 가능성도 있다. 선수생체수첩을 통해 건강상의 문제를 빠르게 발견한다면 조기 치료를 통해 선수의 건강을 지킬 수 있을 것이다. 결론적으로 선수생체수첩은 도핑 퇴치의 효과뿐만 아니라 선수의 건강을 보호한다는 두 가지 목표를 충족시킨다.

선수생체수첩은 기본적인 도핑검사를 대체한다기보다는 한층 더 지능적인 방식으로 표적, 즉 도핑검사 대상을 결정할 수 있도록 도움을 주는 걸 목적으로 한다. 이제 기존 검사 방식에 걸리지 않았다고 안심해선 안될 것이다. 도핑을 감시하는 눈은 지속적으로 더 지독하게 따라 붙을 것이다.

25
끝나지 않는
이야기

세계도핑방지기구가 규정한 금지약물은 1999년 40여 종에서 시작해 2021년 800종으로 늘어났다. 아무리 도핑 기술이 발전한다고 해도 도핑방지 기술 또한 발전할 것이고 도핑을 했다는 사실은 결국 밝혀질 것이다.

이렇게 도핑에 대한 이야기는 '스포츠에는 영원한 비밀도 지름길도 없다'로 마무리 될 수 있다. 하지만 아직 끝나지 않은 이야기가 있다. 스포츠 그 자체에 대한 이야기이다.

스포츠는 신체적 육체적 능력을 겨루는 것이다. 그래서 남과 여, 비장애인과 장애인으로 나누어 경기를 치러왔다. 하지만 이제 이 근간에 대한 질문이 던져지고 있다. 스포츠가 말하는 이분법적 구분으로 나눌 수 없는 것들은 어떻게 대할 것인가. 스포츠의 공정성이라는 명분 하에서 소수자, 젠더, 장애 등을 차별해온 것은 아닐까.

다양성과 도핑, 그 끝나지 않는 이야기를 살펴보자.

트랜스젠더, 차별의 굴레

2023년 강원도민 체육대회 사이클 여성 부분에 한국 사상 처음으로 트랜스젠더 선수가 출전했다. 국외로 눈을 돌리면 2021년에 열린 2020 도쿄 올림픽 역도 경기에 트랜스젠더 선수가 출전했고, 2023년에는 FiFA호주 뉴질랜드 여자 월드컵에 사상 첫 트랜스젠더 선수가 출전했다. 이들은 출전 사실 그 자체로 주목을 받았다.

원래 스포츠 경기는 각자의 생물학적 성에 맞춰 참가해야 했다. 트랜스젠더 선수는 공식적으로 어떤 경기에도 참가가 불가했으나, 2004년 국제올림픽위원회의 '스톡홀름 합의'를 통해 선수 생활이 가능해졌다. 그리고 2016년에 참가자격이 완화되면서 여성에서 남성으로 전환한 선수는 제약 없이 남성과 경쟁하는 경기에 참가가 가능해졌다. 하지만 남성에서 여성으로 전환한 선수의 상황은 또 달랐다. 남성에서 여성으로 전환한 선수는 경기 내내 남성 호르몬인 테스토스테론의 수치가 일정 수치 이하여야 했으며 전부터 자신이 여성이라고 밝혔어야 하는 등의 조건이 붙었다.

지금은 수영, 역도, 농구, 스키 등 다양한 여성 스포츠에서 트랜스젠더 선수들이 활약하고 있는데 이들이 세운 기록이나 결과는 여전히 논란거리다.

남성에서 여성으로 전환한 트랜스젠더 선수들과 여성으로 태어난 선수들은 출발점이 다르다는 것이다. 성전환 과정에서 받는 호르몬 대체 요법, 즉 남성 호르몬을 억제하고 여성 호르몬을 투여하는 동안 남성성은 줄어들고 여성적 변화가 나타나는 것은 사실이지만 그럼에도 기본적으로 인체 생리학적인 차이가 있다고 주장한다. 그리고 이 부분이 불공정 경쟁으로 이어진다는 것이다.

그래서 트랜스젠더의 여성부 경기 출전을 제한하는 움직임도 있다. 2023년 국제수영연맹은 임시총회를 열고 트랜스젠더 선수의 경기 출전에 관한 새로운 규정을 만들었다. 새 규정은 남성이 여성 경기에 출전하려면 12세 이전에 성전환 수술을 받아야 하고 남성 호르몬이 일정 수준 이하로 유지될 때에만 출전이 가능하여 사실상 트랜스젠더 선수의 출전을 금지하는 조치를 담고 있다.

세계육상연맹 또한 트랜스젠더의 여성 스포츠 경기 참여를 2023년 3월 31일부터 금지하고 있다. 또 트랜스젠더 선수들을 위한 별도의 종목을 구성하는 곳도 있다. 하지만 일각에서는 이런 정책이 경쟁의 공정성과 참가자의 인권을 보호하지 못한다는 비판에 직면해 있다는 것도 사실이다.

이 모든 문제의 핵심은 호르몬 수치규정이다. 국제기구들은 남성에서 여성으로 전환한 선수들의 테스토스테론 수치를 확인한다. 하지만 호르몬 수치는 개인별로 편차가 극심하기 때문에 이를 출전자격의 근거로 삼는 건 비과학적이며 인권을 침해하는 방법이라는 주장이 나온다. 결국 트랜스젠더 선수의 경기 참여권은 인권 문제로 시스젠더* 선수에게는 역차별되는 공정성의 문제로 갑론을박이 계속되고 있다.

그렇다면 트랜스젠더에 대한 도핑검사는 어떤가? 세계도핑방지기구의 발표에 따르면 트랜스젠더 역시 기존 선수와 마찬가지로 도핑검사를 받아야 하며 시료를 채취하는 절차 역시 다르지 않다고 말한다.

만약 트랜스젠더 선수가 남자 종목으로 출전했다면 남자 검사관이, 여자 종목으로 출전했다면 여자 검사관이 입회해야 한다. 또한 현장에서의 오해나 혼란을 방지하기 위해서 각 나라 도핑검사기구는 트랜스젠더 선수의 검사를 위해 유의해야 할 사항(표현, 언어 등)이나 트랜스젠더 선수의 정보를 도핑검사 시스템에 입력하는 사항이라든지, 절차 등도 사전에 교육할 것을 권장하고 있다.

참고로 도핑검사를 실시하는 분석기관에서는 해당 시료가 트랜스젠더 선수의 시료인지 여부를 알아야 할 필요도 없다고 명시하고 있다.

---

* 시스젠더(Cisgender)란 스스로 인식하는 성 정체성과 타고난 생물학적 성이 일치하는 사람을 말한다.

결국 도핑검사에서는 선수의 신체조건과 같은 외형이나 싱전환 수술 여부와 상관없이 선수가 참여한 스포츠 성별에 따라 검사를 진행해야 된다. 트랜스젠더 선수의 경기 참가 여부는 기본적으로 관련 협회나 연맹에서 결정하고 도핑검사는 선수가 참여한 스포츠 성별에 따라 원칙대로 진행하면 된다.

의족, 장애의 극복일까 도핑일까

2012년 런던 하계올림픽 육상 남자 400m 경기에 한 선수가 의족을 착용하고 출전했다. 선수는 남아프리카공화국 출신의 오스카 피스토리우스로 근대올림픽이 개최된 이래 장애를 갖고 패럴림픽이 아닌 비장애인 육상경기에 참여한 첫 사례였다.

그는 장애를 갖고 태어나 한 살 때 양쪽 무릎 아래를 절단하는 수술을 받았다. 하지만 1980년에 치타와 캥거루의 움직임이 반영된 뒤꿈치가 없는 C자 모양의 선수용 의족이 개발되었고 이는 장애인들의 새로운 다리가 되어주었다.

선수용 의족을 차고 패럴림픽에 참여해 2004년 아테네 패럴림픽 100m 육상에서 동메달을, 200m 달리기에서 금메달을 획득하며 이름을 알렸던 그는 마침내 비장애인과 함께 경기를 뛰었다.

비록 결승 진출에는 실패했지만 그가 남긴 기록은 육상 남자 200m의 세계기록과 1.5초 밖에 차이가 나지 않았다. 장애인 선수

가 비장애인 선수와 진검승부를 펼쳤다는 것 자체가 인간의 한계를
극복한 것이라며 찬사를 받은 역사적인 사건이다.

하지만 스포츠 규정으로 돌아와 다시 보면 이야기가 달라진다.
2008년 국제육상경기연맹은 스프링이나 바퀴 등 경기에서 이점을
줄 수 있는 기술 장치의 사용을 금지했다. 이에 비장애인 선수들은
그가 착용한 의족을 문제 삼아 국제육상경기연맹에 제소하였고 이
문제는 국제스포츠중재재판소로 넘어가 논쟁이 진행됐다.

그리고 의족을 차고 비장애인 대회에 출전하고 싶었던 또 다른
선수가 있었다. 독일의 멀리뛰기 선수인 마커스 렘이다. 마커스 렘
또한 의족을 착용하는 선수였고, 물리적 보조 도구가 경기에서 이

점을 제공하지 않는다는 것을 증명하기 위해 검사를 의뢰했다. 하지만 검사에서 도움닫기를 할 때는 도움이 되지 않지만 의족이 지면을 딛고 오를 때는 도움이 된다는 결과를 얻으며 최종 결론을 내지 못했고, 결국 대회 출전의 꿈을 접어야 했다.

사실 오스카 피스토리우스 선수 이전에도 의족을 차고 대회에 참여한 장애인 선수들은 많았다. 다만 비장애인 선수들과 경기력이 차이 났기 때문에 동일한 경기가 아닌 패럴림픽과 같이 따로 진행하였다. 하지만 과학이 점점 불가능을 가능으로 바꾸고 있는 지금, 의족을 차고 경기하는 선수와 같은 사례는 언제든 또 나올 수 있다. 이를 인간 한계의 극복으로 볼 것인지 경기력을 끌어올리는 도핑으로 볼지에 대한 논의도 계속될 것이다.

도핑검사관이 말하는
도핑검사관 이야기
- 박주희

"도핑검사관은 깨끗하고 공정한 스포츠 환경을
만드는 수호자입니다."

1

간단한 자기소개를 부탁드립니다.

안녕하세요. 저는 태어날 때 심장이 약해 조금만 걸어도 입술이
파래지는 아이였습니다. 그러나 지금은 누구보다 건강한 모습으로,
누구보다 스포츠를 사랑하며 클린스포츠를 위해 일하고 있는 국내
1호 국제도핑검사관 박주희입니다. 언제나 도핑검사관이라는 자부
심을 가지고 전 세계 스포츠 현장에서 주어진 일에 최선을 다하고

있습니다. 현재 아시안게임을 주관하는 아시아올림픽평의회(OCA) 도핑방지위원, 국제크라쉬연맹(IKA) 의무도핑방지위원장, 세계수영연맹(World Aquatics) 집행위원, 국제올림픽아카데미(IOA) 과학위원 등 국제스포츠의 다양한 분야에서 활동하고 있고, 이화여자대학교에서 국제스포츠 분야, 스포츠 도핑 등을 강의하며 후배들을 양성하고 있습니다.

2

도핑검사관이 된 계기가 무엇인가요?

체육학을 전공하며 장애인체육을 공부했습니다. 그때 스포츠 도핑이라는 분야에서 치료 목적으로 약물을 사용해야 하는 장애인 선수들이 의도치 않게 도핑에 적발되어 불이익을 받은 사례를 보게 되었습니다. 장애인, 비장애인 선수할 것 없이 모든 선수들에게 도핑은 최신의 정확한 정보가 필요한 분야임을 인지하게 되었습니다. 한국도핑방지위원회(KADA)가 설립 당시 국내 스포츠 단체들의 추천을 받아 도핑검사관을 양성하였는데, 저 역시 스포츠 단체의 추천을 통해 한국도핑방지위원회 초창기 멤버로 2007년 한국도핑방지위원회 도핑검사관 자격을 취득하게 되었습니다. 그 이듬해 한국도핑방지위원회 국제 업무 담당자로 입사하게 되면서 도핑방지 전문가로서 국제대회, 국제회의 등에 참여하게 되었습니다.

특히, 2008년 인도네시아 발리에서 개최된 비치아시아게임에서 세계도핑방지기구와 아시아올림픽평의회가 주관한 국제도핑검사관 프로그램에 참여했고 국내 최초로 국제도핑검사관 자격을 획득하게 되었습니다. 또 러시아 도핑스캔들 이후 설립된 국제검사기구의 국제도핑검사관 자격도 취득하였습니다. 이런 전문성을 기반으로 스포츠 전문가에서 한발 더 나아가 스포츠 행정가로서 전 세계를 무대로 활동하고 있습니다.

3 / 지금까지 참여하셨던 대회와 업무를 소개해주세요.

아시안게임을 주관하는 아시아올림픽평의회의 국제도핑검사관이자 도핑관리를 책임지는 도핑방지위원으로 2008년 발리 비치아시안게임부터 2023년 항저우 아시안게임까지 참여하였으며, 세계도핑방지기구 교육위원회 일원으로 스포츠 도핑방지 교육과 홍보 프로그램에도 참여하였습니다. 2010년 밴쿠버 동계올림픽 국제도핑검사관을 시작으로 2012년 런던 하계올림픽, 2014년 소치 동계올림픽 등에 대한민국을 대표하여 전 세계 스포츠 도핑 전문가들과 함께 클린스포츠를 위해 노력해왔습니다. 또한 국내에서 개최되는 국제대회의 도핑관리 총괄 업무도 맡았는데, 2011년 대구 세계육상선수권, 2014년 인천 아시안게임, 2015년 광주 유니버시아드 대회의 도핑관리를 책임졌고, 2018년 평창 동계올림픽 도핑관리 어드바이저, 2019년 광주 세계수영선수권대회 도핑관리 한국 대표로 활동하였습니다. 현재는 국제도핑검사관뿐만 아니라 전 세계 올림픽 교육의 중심인 국제올림픽아카데미 과학위원으로 스포츠 도핑을 포함한 다양한 연구와 학문을 탐구하고 있습니다. 그 외에도 세계수영연맹 집행위원으로 도핑관리를 자문하고 있고, 국제크라쉬연맹 도핑방지위원장으로 국제대회의 페어플레이를 위해 세계도핑방지기구, 국제검사기구 등과 활발한 업무 협력을 하고 있습니다.

4
다양한 국제대회에 참여했는데 기억에 남는 경험이 있나요?

도핑검사의 목적은 대회의 특성에 따라 도핑검사를 통해 금지약물을 복용한 선수를 적발하여 클린하고 공정한 스포츠를 만드는 데 기여하고 이에 대한 경각심을 일깨워 주는 것입니다. 반면 청소년대회 또는 학생들을 대상으로 하는 대회에서는 도핑검사를 교육의 목적으로 활용하여 적발보다는 예방교육과 도핑방지 홍보에 중점을 두고 있습니다. 특히 2015년 광주 유니버시아드대회에서는 세계도핑방지기구와 국제대학스포츠연맹이 공동으로 전 세계 대학생들을 대상으로 처음으로 도핑방지 교육책자를 개발했고, 다양한 언어로 제작하여 온라인 교육교재로 배포하였습니다. 이는 세계도핑방지기구 온라인 교육프로그램인 ADEL의 토대를 마련하는 계기가 되었습니다. 저는 2015년 광주 유니버시아드 도핑관리 책임자로서 이 프로젝트에 참여하여 영광스럽게도 공로를 인정받아 세계도핑방지기구로부터 감사패를 받기도 했습니다. 도핑검사뿐만 아니라 도핑방지 교육까지 도핑관리 전반에 걸쳐 전 세계 학생들과 선수들을 대상으로 스포츠 도핑의 유산으로 남길 수 있는 작업이었기에 가장 기억에 남는 일이기도 합니다. 현재 이 교재를 기반으로 국내·외 대학에서도 스포츠도핑 교육이 진행되고 있으며 이화여자대학교에서는 제가 직접 스포츠 도핑 강의를 진행하고 있습니다.

5 / 도핑검사관으로 활동하면서 기억에 남는 경험이 있나요?

도핑검사관 초기 장애인, 비장애인 그리고 프로스포츠 선수까지 모든 스포츠 종목을 경험하고 전 세계의 많은 선수들을 만났습니다. 이런 다양한 경험을 할 수 있는 것이 도핑검사관의 매력적인 부분입니다. 하지만, 문화와 종교적 차이를 느끼며 안타까운 순간도 있었습니다. 초창기 도핑검사관 시절 국제대회에서 우승한 무슬림 선수가 종교적인 이유로 도핑검사를 거부하였습니다. 종교적 신념과 스포츠 규정 사이에서 그 선수는 도핑검사를 끝내 거부하고 메달을 박탈당했지만 선수는 이 결정에 한치의 망설임도 없는 것을 보고 많이 놀란 적이 있습니다. 전 세계의 다양한 인종과 문화 그리고 종교 등에 대한 이해와 포용이 필요한 일이구나 다시 한 번 깨달았습니다. 반면 너무나 기뻤던 순간도 있었습니다. 신인 선수로 제가 처음 도핑검사를 실시했던 선수가 몇 년 뒤 머나먼 타지에서 올림픽에서 금메달을 획득하여 도핑검사를 받는 선수와 국제검사관으로 만났을 때를 잊을 수 없습니다. 당시 국가대표 선수와 대한민국 클린스포츠를 대표하는 스포츠 전문가로 서로를 바라보며, 더욱 책임감을 느꼈던 것 같습니다.

6 / 도핑검사관이 되고 싶은 사람들이 갖추어야 할 가치관 혹은 업무 능력이 있다면 말씀해 주세요

공정한 경쟁과 클린스포츠를 책임지는 도핑검사관은 절대 예외를 두어서는 안 됩니다. 그 누구보다 규정과 규칙에 엄격해야 합니다. 또한 최신의 정보를 가지고 빠르게 변화하고 다양한 정보에 대응할 수 있는 능력을 가지고 있어야 합니다. 더불어 외국 선수 또는 관계자들과 공용어로 사용하고 있는 영어로 소통할 수 있고, 문서 작성 업무 능력을 갖추고 있다면 국내에서 개최되는 다양한 국제대회에 참여할 수 있는 기회가 주어질 겁니다. 이런 경험을 발판 삼아 아시안게임, 올림픽, 세계선수권 등 수많은 국제스포츠대회에 대한민국을 대표하는 국제도핑검사관으로 참여할 수 있는 자격이 주어지게 됩니다. 무엇보다도 모든 과정은 혼자하는 업무가 아니기에 다양한 언어, 인종과 문화를 가진 사람들과 협력하여 서로 이해하고 존중하는 마음가짐이 중요하다고 생각됩니다. 국제적인 수준에 맞는 예의를 갖추고, 중립적인 자세를 유지하는 것도 필요합니다. 경험은 기회를 만듭니다. 우물 안 개구리가 아닌 큰 무대에서 더 큰 열정과 마음으로 활약하는 여러분을 응원합니다.

2024 강원 동계청소년올림픽

2020 로잔 청소년동계올림픽

2022 항저우 아시안게임

2030 카타르 도하 아시안게임 개최도시선정
평가 현장

2024 도하 세계수영선수권대회

선수와 지도자 등이 알아야 할
도핑검사 Q&A

Q. 제가 도핑검사 대상자인가요?

A. 기본적으로 모든 선수는 도핑검사 대상자가 될 수 있습니다. 도핑검사 대상자는 한국도핑방지위원회나 각 종목별 국제연맹 등 도핑방지 기구가 보유한 데이터를 바탕으로 수립된 검사배분 계획에 따라 정해집니다. 검사 대상자 선정 방식은 순위별, 무작위, 표적검사 등 크게 세 가지로 나누어 집니다.

Q. 저는 미성년자입니다. 저도 도핑검사를 받아야 하나요?

A. 미성년자인 선수도 대한체육회나 대한장애인체육회 등에 정식 선수로 등록되어 있다면 도핑검사 대상이 될 수 있습니다.

Q. 선수가 소변시료와 혈액시료 중에서 선택할 수 있나요?

A. 아니오. 선택할 수 없습니다. 도핑검사는 사전에 계획된 내용에 따라 진행하기 때문에 아무리 선수가 소변시료를 제공할 수 없는 상황이라고 해도 혈액으로 대체해서 검사할 수는 없습니다.

Q. 언제 도핑검사를 받을지 미리 알 수 있나요?

A. 도핑검사 일정은 검사를 주관하는 기구(한국도핑방지위원회 또는 국제경기연맹 등)가 정하며, 사전에 통지하지 않고 불시에 검사하는 방식으로 진행됩니다. 다만 선수의 경기력 수준과 시료분석 결과에 따라 검사주관 기구, 검사 빈도, 제공해야 하는 시료 종류 등이 다를 수 있습니다.

Q. 도핑검사 결과는 어디서 볼 수 있나요?

A. 검사 결과는 한국도핑방지위원회 홈페이지에서 확인할 수 있습니다. 본인의 시료분석 결과는 한국도핑방지위원회가 검사를 주관하고 관리하는 경우에 한해서만 확인이 가능합니다. 홈페이지에서 영문 성명과 생년월일, 시료번호를 순서대로 입력한 후 '본인인증 및 결과확인' 버튼을 클릭하면 결과를 확인할 수 있는 페이지로 이동합니다.

Q. 도핑검사 또는 시료채취 절차가 궁금합니다.

A. 시료분석은 도핑검사관이 선수로부터 시료(소변 또는 혈액)를 채취하는 것으로부터 시작합니다. 선수가 자신의 시료를 시리얼 넘버가 적힌 키트(A, B병)에 담아 밀봉하면 도핑검사관은 제대로 잠겼는지 여부를 확인한 후 한국과학기술연구원(KIST)의 도핑컨트롤센터로 발송합니다. 만약 실험실에서 검사한 결과 A병 샘플에서 양성이 나올 경우, 선수는 추가로 B병에 담긴 시료를 분석해 달라고 요청할 수 있습니다.

실험실에서는 분석 전에 시료 정보를 확인한 후, 특수장치를 이용해 밀봉된 병을 개봉합니다. 도핑 분석에는 주로 액체크로마토그래피-질량분석기를 사용하는데 아주 적은 양이라도 금지약물을 검출할 수 있으며 정밀도 또한 매우 높은 것으로 알려져 있습니다. 그래서 한국의 KIST 연구원들이 2020 도쿄 하계올림픽에서도 큰 활약을 한 것입니다.

소변시료에는 다양한 성분들이 포함되어 있기 때문에 시료의 추출, 정제, 농축 과정 등을 거쳐 분석이 이루어집니다. 이런 분석을 통해 얻은 데이터를 토대로 음성인지 양성인지 최종 판별하며 이 데이터는 세계도핑방지기구에서 만든 '아담스(ADAMS)'라는 데이터베이스에 그 결과값을 입력해서 마무리하게 됩니다. 도핑방지 기구에서는 여기서 나온 결과를 토대로 후속 처리를 진행합니다. 참고로 시료채취 당시의 기술로 분석할 수 없는 의심 시료는 장기 보관 후 재분석할 수 있으며 보관 기간은 최대 10년입니다.

Q. 소재지정보가 뭐죠?

A. 한국도핑방지위원회는 경기기간 외 도핑검사를 효율적으로 수행하기 위해 선수의 훈련·경기일정, 거주지 등 소재지정보를 관리합니다.

Q. 선수라면 누구나 소재지정보 제출 대상자인가요?

A. 도핑검사 우선순위에 따라 선정된 검사대상명부(RTP) 선수와 검사대상후보명부(TP) 선수는 소재지정보 제출 의무가 있습니다. 프로스포츠의 경우에는 프로구단/프로선수 검사명부를 별도로 운영합니다. 참고로 검사대상명부 선수는 12개월 내 검사불이행 및 제출불이행이 3회 발생할 경우 도핑방지규정 위반으로 제재 조치가 가해질 수 있으며, 검사대상후보명부 선수의 경우 소재지정보 제출 의무 미준수 시, 서면 경고나 교육, 또는 표적검사 등 후속조치가 취해질 수 있습니다.

Q. 선수는 어떠한 약물도 사용하지 못하나요?

A. 치료 또는 부상 회복을 위해 금지약물을 사용하거나 복용해

야 하는 경우, 한국도핑방지위원회에 치료목적사용면책 신청서를 제출하여 승인을 받은 후 사용 및 복용이 가능합니다. 참고로 감기, 고혈압, 당뇨, ADHD 등 치료를 위해 병원에서 처방받은 약에도 금지약물이 포함될 수 있으며 보충제 및 건강보조제, 한약 등을 섭취할 경우에도 선수의 각별한 주의가 필요합니다.

Q. 치료목적사용면책을 신청하면 모든 금지약물과 금지방법을 사용할 수 있나요?

A. 치료목적사용면책을 신청하면, 의사로 이루어진 '치료목적사용면책위원회'에서 승인 기준에 맞는지 여부를 판단하여 최종 결정합니다. 승인 기준으로는 금지약물 및 방법을 사용하지 않을 경우 선수가 건강상 심각한 손상을 입는 경우, 금지약물 및 방법의 사용이 선수의 건강회복 이외의 추가적인 경기력 향상 효과를 주지 않는 경우, 금지약물 및 방법의 사용 외에 적절한 대체 치료가 없는 경우 등입니다.

Q. 금지약물이 검출되면 어떻게 되나요?

A. 만약 선수의 시료에서 금지약물이 검출된다면, 한국도핑방지위원회에서는 해당 금지약물에 대한 치료목적사용면책 승인이 있었는지를 먼저 확인합니다. 만약 해당 금지약물에 대한 치료목적

사용면책 승인 내역이 없을 경우에는 도핑방지규정 위반 혐의가 있음을 선수에게 통지하고, 청문회를 개최하여 심의한 후 제재를 부과하게 됩니다. 규정위반 혐의를 통지받은 선수는 청문의 권리를 가지며 제재위원회에서 내린 결정에 대해서도 항소를 제기할 수 있습니다.

Q. 제재 사실도 공개되나요?

A. 한국도핑방지위원회 홈페이지를 통해 제재를 받은 선수 명단을 고시하고 있습니다. 단, 제재 대상이 미성년자인 경우에는 이름을 공개하지 않을 수 있습니다.

Q. 치료목적사용면책 승인을 받을 수 없을 정도로 긴급한 상황이 발생한다면 어떻게 해야 하나요?

A. 긴급하게 응급으로 병원 치료나 수술을 받아야 한다면 사후 치료목적사용면책 신청서 제출도 가능합니다. 하지만 사후 치료목적사용면책 신청은 심의 결과에 따라 승인 또는 불승인이 될 수도 있습니다.

도핑검사관이 직접 알려주는
스포츠 도핑

초판 1쇄 인쇄 2024년 2월 1일
초판 1쇄 발행 2024년 2월 15일

지은이 강명신 김나라 김현주 박주희 이 건 이재숙

펴낸이 김남전
편집장 유다형 | 기획편집 이경은 | 디자인 양란희
마케팅 정상원 한웅 정용민 김건우 | 경영관리 임종열 김다운

펴낸곳 ㈜가나문화콘텐츠 | 출판 등록 2002년 2월 15일 제10-2308호
주소 경기도 고양시 덕양구 호원길 3-2
전화 02-717-5494(편집부) 02-332-7755(관리부) | 팩스 02-324-9944
포스트 post.naver.com/ganapub1 | 페이스북 facebook.com/ganapub1
인스타그램 instagram.com/ganapub1

ISBN 979-11-6809-118-4 (03690)

가나출판사는 당신의 소중한 투고 원고를 기다립니다. 책 출간에 대한 기획이나 원고가 있으신 분은 이메일
ganapub@naver.com으로 보내주세요.